Kohlhammer

Der Autor

Prof. Dr. med. Dipl.-Chem. Tilman Wetterling ist Neurologe und Psychiater. Er war Chefarzt einer psychiatrischen Klinik in Berlin und lehrte an der Charité, Berlin. www.prof-wetterling.de

Tilman Wetterling

Alkoholmissbrauch und -abhängigkeit

Verlag W. Kohlhammer

Dieses Werk einschließlich aller seiner Teile ist urheberrechtlich geschützt. Jede Verwendung außerhalb der engen Grenzen des Urheberrechts ist ohne Zustimmung des Verlags unzulässig und strafbar. Das gilt insbesondere für Vervielfältigungen, Übersetzungen und für die Einspeicherung und Verarbeitung in elektronischen Systemen.

Pharmakologische Daten verändern sich ständig. Verlag und Autoren tragen dafür Sorge, dass alle gemachten Angaben dem derzeitigen Wissensstand entsprechen. Eine Haftung hierfür kann jedoch nicht übernommen werden. Es empfiehlt sich, die Angaben anhand des Beipackzettels und der entsprechenden Fachinformationen zu überprüfen. Aufgrund der Auswahl häufig angewendeter Arzneimittel besteht kein Anspruch auf Vollständigkeit.

Die Wiedergabe von Warenbezeichnungen, Handelsnamen und sonstigen Kennzeichen berechtigt nicht zu der Annahme, dass diese frei benutzt werden dürfen. Vielmehr kann es sich auch dann um eingetragene Warenzeichen oder sonstige geschützte Kennzeichen handeln, wenn sie nicht eigens als solche gekennzeichnet sind.

Es konnten nicht alle Rechtsinhaber von Abbildungen ermittelt werden. Sollte dem Verlag gegenüber der Nachweis der Rechtsinhaberschaft geführt werden, wird das branchenübliche Honorar nachträglich gezahlt.

Dieses Werk enthält Hinweise/Links zu externen Websites Dritter, auf deren Inhalt der Verlag keinen Einfluss hat und die der Haftung der jeweiligen Seitenanbieter oder -betreiber unterliegen. Zum Zeitpunkt der Verlinkung wurden die externen Websites auf mögliche Rechtsverstöße überprüft und dabei keine Rechtsverletzung festgestellt. Ohne konkrete Hinweise auf eine solche Rechtsverletzung ist eine permanente inhaltliche Kontrolle der verlinkten Seiten nicht zumutbar. Sollten jedoch Rechtsverletzungen bekannt werden, werden die betroffenen externen Links soweit möglich unverzüglich entfernt.

1. Auflage 2021

Alle Rechte vorbehalten
© W. Kohlhammer GmbH, Stuttgart
Gesamtherstellung: W. Kohlhammer GmbH, Heßbrühlstr. 69, 70565 Stuttgart
produktsicherheit@kohlhammer.de

Print:
ISBN 978-3-17-029715-9

E-Book-Formate:
pdf: ISBN 978-3-17-029716-6
epub: ISBN 978-3-17-029717-3
mobi: ISBN 978-3-17-029718-0

Geleitwort der Reihenherausgeber

Die Entwicklungen der letzten Jahrzehnte im Suchtbereich sind beachtlich und erfreulich. Dies gilt für Prävention, Diagnostik und Therapie, aber auch für die Suchtforschung in den Bereichen Biologie, Medizin, Psychologie und den Sozialwissenschaften. Dabei wird vielfältig und interdisziplinär an den Themen der Abhängigkeit, des schädlichen Gebrauchs und der gesellschaftlichen, persönlichen und biologischen Risikofaktoren gearbeitet. In den unterschiedlichen Alters- und Entwicklungsphasen sowie in den unterschiedlichen familiären, beruflichen und sozialen Kontexten zeigen sich teils überlappende, teils sehr unterschiedliche Herausforderungen.

Um diesen vielen neuen Entwicklungen im Suchtbereich gerecht zu werden, wurde die Reihe »Sucht: Risiken – Formen – Interventionen« konzipiert. In jedem einzelnen Band wird von ausgewiesenen Expertinnen und Experten ein Schwerpunktthema bearbeitet.

Die Reihe gliedert sich konzeptionell in drei Hauptbereiche, sog. »tracks«:

Track 1: Grundlagen und Interventionsansätze
Track 2: Substanzabhängige Störungen und Verhaltenssüchte im Einzelnen
Track 3: Gefährdete Personengruppen und Komorbiditäten

In jedem Band wird auf die interdisziplinären und praxisrelevanten Aspekte fokussiert, es werden aber auch die neuesten wissenschaftlichen Grundlagen des Themas umfassend und verständlich dargestellt. Die Leserinnen und Leser haben so die Möglichkeit, sich entweder Stück für Stück ihre »persönliche Suchtbibliothek« zusammenzustellen oder aber mit einzelnen Bänden Wissen und Können in einem bestimmten Bereich zu erweitern.

Unsere Reihe »Sucht« ist geeignet und besonders gedacht für Fachleute und Praktiker aus den unterschiedlichen Arbeitsfeldern der

Suchtberatung, der ambulanten und stationären Therapie, der Rehabilitation und nicht zuletzt der Prävention. Sie ist aber auch gleichermaßen geeignet für Studierende der Psychologie, der Pädagogik, der Medizin, der Pflege und anderer Fachbereiche, die sich intensiver mit Suchtgefährdeten und Suchtkranken beschäftigen wollen.

Wir als Herausgeber möchten mit diesem interdisziplinären Konzept der Sucht-Reihe einen Beitrag in der Aus- und Weiterbildung in diesem anspruchsvollen Feld leisten. Wir bedanken uns beim Verlag für die Umsetzung dieses innovativen Konzepts und bei allen Autoren für die sehr anspruchsvollen, aber dennoch gut lesbaren und praxisrelevanten Werke.

Der vorliegende Band von Prof. Tilman Wetterling, der Track 2 (Substanzabhängige Störungen und Verhaltenssüchte im Einzelnen) zugehörig ist, behandelt Alkoholmissbrauch und -abhängigkeit in übersichtlicher und differenzierter Form. Das älteste Suchtmittel der Menschheit, das gesellschaftlich und individuell die schwerwiegendsten Schäden hinterlässt, zugleich aber auch die größte Akzeptanz in der Bevölkerung findet, wird hinsichtlich der für Klinik und ambulante Praxis, aber auch Forschung und Wissenschaft relevanten Aspekte behandelt. Epidemiologie, Pharmakologie, Neurobiologie, Konsumeffekte, psychosoziale Folgen, Ätiologie, Diagnostik, Therapie und Prävention sind die behandelten Schwerpunkte, die einen hochaktuellen Einblick in die jeweiligen Themen leifern. Der Autor zeigt – wissenschaftlich fundiert und praxisnah zugleich – die Bedeutung des Alkohols für Individuum und Gesellschaft, die Ursachen und Folgen des übermäßigen Konsums sowie die Präventions- und Therapiemöglichkeiten in Bezug auf Missbrauch und Abhängigkeit auf. Wir sind sicher, dass der vorliegende Band in Konzeption und Inhalt einen sehr wichtigen Beitrag für alle im Feld tätigen Fachkräfte und Interessierte liefert und wünschen eine hohe Verbreitung und Nutzung des Bandes.

Oliver Bilke-Hentsch, Luzern
Euphrosyne Gouzoulis-Mayfrank, Köln
Michael Klein, Köln

Inhalt

Geleitwort der Reihenherausgeber		**5**
Vorbemerkungen		**13**
Abkürzungen		**14**
1	**Einleitung**	**15**
1.1	Historische Betrachtungen	15
1.2	Fallvignetten	18
2	**Epidemiologie**	**23**
2.1	Alkoholkonsum	24
2.2	Behandlungsfälle	25
2.3	Volkswirtschaftliche Belastung durch die Alkoholkrankheit	26
3	**Alkohol-pharmakologische Eigenschaften**	**28**
3.1	Resorption (Aufnahme in den Körper)	31
3.2	Elimination (Abbau im Körper und Ausscheidung)	32

3.3	Altersabhängige pharmakologische Alkoholeffekte	34
3.4	Organschädigende Stoffwechselprodukte	35

4	**Neurobiologie**	**36**
4.1	Wirkungen auf Neurotransmittersysteme	37
4.1.1	Akute Wirkungen	37
4.1.2	Veränderungen bei chronischem Alkoholkonsum	38
4.1.3	Veränderungen im Entzug	38
4.2	Membranhypothese	40
4.2.1	Akute Wirkungen	40
4.2.2	Veränderungen bei chronischem Alkoholkonsum	40
4.3	Epigenetische Prozesse	41

5	**Wirkungen von Alkohol**	**43**
5.1	Wirkungen auf das Gehirn	44
5.1.1	Bei aktuellem Konsum	44
5.1.2	Bei chronischem Alkoholkonsum	47
5.1.3	Alkoholentzugssyndrom	50
5.1.4	(Längere) Abstinenz	51
5.1.5	Wirkungen auf das periphere und vegetative Nervensystem	51
5.2	Wirkungen auf psychische Funktionen/ psychiatrische Komorbidität	52
5.2.1	Angststörungen	53
5.2.2	Affektive Störungen	54
5.2.3	Schizophrene Störungen	55
5.2.4	Psychotische Störung bei Alkoholabhängigkeit	56

5.2.5	Persönlichkeitsstörungen	56
5.2.6	Posttraumatische Belastungsstörung (PTSD)	56
5.3	Wirkungen auf Körperorgane	57
5.3.1	Mögliche pathogenetische Mechanismen	59
5.3.2	Erkrankungen des Gastrointestinaltraktes	60
5.3.3	Lebererkrankungen	61
5.3.4	Pankreaserkrankungen	62
5.3.5	Herz-/Kreislauferkrankungen	63
5.3.6	Lungenerkrankungen	64
5.3.7	Schädigung der Muskeln	64
5.3.8	Störungen des körpereigenen Abwehrsystems (Immunsystems)	64
5.3.9	Störungen des endokrinen Systems	65
5.3.10	Erhöhtes Krebsrisiko	65
5.3.11	Erhöhtes Missbildungsrisiko bei Neugeborenen (fetales Alkoholsyndrom)	66

6 Psychosoziale Faktoren 68

6.1	Stigmatisierung	68
6.2	Belastung der Angehörigen etc.	70
6.3	Arbeitsausfall und Frühberentung	71
6.4	Erhöhtes Unfallrisiko	72
6.5	Erhöhte Mortalität und Suizidalität	74
6.6	Aggressives Verhalten und Straffälligkeit	75
6.7	Zivilrechtliche Aspekte	76
6.7.1	Geschäfts- und Einwilligungsfähigkeit	76
6.7.2	Unterbringung in einer psychiatrischen Klinik und Betreuung	78
6.7.3	Straßenverkehrsrecht	80

7	**Ätiologie der Alkoholkrankheit**	**81**
7.1	Biologische Faktoren	82
7.1.1	Genetische Faktoren	82
7.1.2	Familienstudien	83
7.1.3	Neurochemische Modelle zur Entwicklung einer Alkoholabhängigkeit	84
7.1.4	Epigenetische Modelle zur Entwicklung einer Alkoholabhängigkeit	86
7.2	Psychologische Faktoren	87
7.3	Soziale Faktoren	89
7.4	Kulturelle Faktoren	91
7.5	Lebensalter	92
7.6	Geschlecht	94

8	**Diagnostik**	**96**
8.1	Diagnosekriterien	96
8.1.1	Diagnostische Kriterien für eine Alkoholabhängigkeit	96
8.1.2	Diagnostische Kriterien für einen Alkoholmissbrauch	104
8.1.3	Typologie von Alkoholkranken	104
8.1.4	Mehrfach-Abhängigkeit (Synonym: polyvalente Abhängigkeit)	105
8.2	Selbstbeurteilungsfragebögen	106
8.3	Laborparameter als »Alkoholmarker«	109
8.3.1	Alkoholkonzentration im Blut bzw. der Atemluft	109
8.3.2	»Alkoholmarker«	110
8.4	Klinische Diagnostik	112

9	**Therapie und Prävention**	**114**
9.1	Versorgungsaspekte	115
9.1.1	Allgemeine medizinische Versorgung	115
9.1.2	Inanspruchnahme von alkoholspezifischer Hilfe	116
9.2	Therapieziele	118
9.2.1	Sicherung des Überlebens	123
9.2.2	Verhinderung von schweren körperlichen Folgeschäden	124
9.2.3	Sicherung der sozialen Umgebung gegen Beeinträchtigungen	127
9.2.4	Verhinderung sozialer Desintegration	128
9.2.5	Ermöglichung längerer Abstinenzphasen/ Rückfallprävention	131
9.2.6	Einsicht in die Grunderkrankung	135
9.2.7	Akzeptanz des eigenen Behandlungs- bzw. Hilfebedarfs	137
9.2.8	Akzeptanz des Abstinenzzieles	138
9.2.9	Konstruktive Bearbeitung von Rückfällen	139
9.3	Medizinische Behandlungsmaßnahmen	141
9.3.1	Ärztlicher Ratschlag	142
9.3.2	Behandlung einer Alkoholintoxikation	142
9.3.3	Entzugsbehandlung (Körperliche Entgiftung)	145
9.3.4	Alkohol-induzierte psychotische Störungen	154
9.3.5	Amnestische Störung (Wernicke-Korsakoff-Syndrom)	154
9.4	Psychotherapeutische, psychosoziale und andere Therapien	154
9.4.1	Indikationen für eine bestimmte Behandlungsform	156
9.4.2	Kontaktaufnahme	158
9.4.3	Therapeutische Grundhaltung	158
9.4.4	Abwehr	159

9.4.5	Gesprächsführung/Motivational interviewing	160
9.4.6	Rückfälle in/nach Therapie	163
9.5	Prävention	163

| 10 | **Synopsis und Ausblick** | **167** |

| **Literatur** | **169** |

| **Stichwortregister** | **195** |

Vorbemerkungen

Dem allgemeinen Sprachgebrauch folgend wird in diesem Buch – chemisch nicht korrekt – die Bezeichnung »Alkohol« ausschließlich für Ethylalkohol benutzt.

Wenn eine eindeutige Differenzierung zwischen Alkoholabhängigkeit und Alkoholmissbrauch nicht vorgenommen werden konnte, wurde der Terminus Alkoholkrankheit benutzt (siehe hierzu auch DSM-5, APA 2013, in der eine Unterteilung aufgegeben wurde).

Abkürzungen

BAK	= Blutalkoholkonzentration
CRF	= Corticotropin Releasing Factor
DNA	= Desoxyribonukleinsäure
DSM	= Diagnostic and statistical Manual of Mental Disorders (American Psychiatric Association (Hrsg.))
GABA	= γ-amino-butyric acid = γ-Aminobuttersäure
ICD	= International Classification of Diseases (WHO)
MRS	= Magnetresonanzspektroskopie
MRT	= Magnetresonanztomografie
NMDA	= N-Methyl-D-Aspartat
ROS	= reactive oxygen species
ZNS	= Zentrales Nervensystem

1

Einleitung

1.1 Historische Betrachtungen

Alkohol entsteht bei der natürlichen Gärung von Zucker, der in Getreiden und Früchten enthalten ist. Der Konsum alkoholhaltiger Getränke ist bei vielen Völkern und in alten Kulturen seit Jahrtausenden bekannt. Wein wurde schon mehrere Tausend Jahre v. Chr. in Mesopotamien und in Persien angebaut. Im Alten Testament findet sich ein entsprechender Hinweis: Noah legte nach der Sintflut einen Weinberg an (Bibel 1. Buch Mose 9/20). Es gibt auch Aufzeichnungen von den Sumerern aus dem 3. Jahrtausend v. Chr., in denen die Herstellung von Bier beschrieben wird.

Der Herstellung alkoholischer Getränke und deren Konsum zeigten schon in der Antike deutliche regionale Unterschiede. Griechen und Römer tranken bevorzugt Wein. Chinesen brauten alkoholische Getränke auf der Grundlage von Reis (Sake). Die Germanen tranken Bier und Met (Honigwein). Diese wurden als Getränk und Genussmittel geschätzt. Bei anderen Völkern war Alkoholkonsum vorwiegend kultischen Zwecken bei Zeremonien, z. B. als Opfergaben bzw. zur Erzeugung eines Rauschzustandes vorbehalten. Die Griechen hatten einen Gott des Weines. Aber Dionysos war auch noch Gott der Freude, Fruchtbarkeit und des Wahnsinns sowie der Ekstase. In der Antike gab es einen Bacchus-Kult mit ekstatischen Trinkgelangen (Homer Odyssee). Archäologen vermuten sogar, dass ein für kultische Zwecke erforderliches alkoholhaltiges Getränk (Bier) schon über 10.000 Jahre v. Chr. mit dazu beigetragen hat, dass Menschen sesshaft wurden, um so Getreide anbauen zu können (Dietrich et al. 2012; Liu et al. 2018; Reichholf 2008).

Die Folgewirkungen eines übermäßigen Alkoholgenusses waren ebenfalls schon sehr früh bekannt (Bibel 1. Buch Mose 9/21 ff.): »Und da Noah von dem Wein trank, ward er trunken und lag in der Hütte aufgedeckt«. Für den römischen Philosophen Seneca (4 v. Chr.–65 n. Chr.) war Trunkenheit nichts anderes als »freiwilliger Wahnsinn«. Er beschreibt den betrunkenen Zustand als »Krankheit«, die auftritt, wenn die »übergroße Kraft des Weines« von »der Seele Besitz ergriffen« habe. Hierbei handelt es sich um eine frühe Beschreibung des Kontrollverlustes und der Alkoholintoxikation.

Die Geschichte des Alkohols von der Antike bis in die Neuzeit ist lang und weist viele Facetten auf (Brunold 2014). In Nord- und Mitteleuropa war Biersuppe, die schon zum Frühstück gegessen wurde, bis zum 16. Jahrhundert ein Grundnahrungsmittel (Schivelbusch 2010). Wein wurde aufgrund des hohen Preises im 17.–19. Jahrhundert vorwiegend vom Adel und Großbürgertum getrunken. Noch im 19. Jahrhundert wurden Arbeitern von ihren Arbeitergebern alkoholische Getränke (Bier) statt fester Nahrung verabreicht (Schott 2001).

Die natürliche Gärung erfolgt mithilfe von Hefe. Der maximal erreichbare Alkoholanteil lag bei etwa 16 % Volumen. Arabischen

1.1 Historische Betrachtungen

Alchemisten gelang es im frühen Mittelalter zuerst durch Destillation höhere Alkoholkonzentrationen zu erzeugen. Erst Ende des 17. Jahrhunderts kam es durch die Einführung von Kartoffelbrennerei zur verbreiteten Herstellung hochprozentiger Getränke (Branntwein-, Schnaps- und Whiskybrennereien) in Europa und infolge zu massiven Problemen (»Branntweinpest«) (Schott 2001).

In Europa wurde Alkohol in Maßen lange Zeit (insbesondere im 12.–19. Jahrhundert) als Lebenselixier sogar von Ärzten propagiert. Erst Anfang des 19. Jahrhunderts traten Ärzte wie Hufeland für eine Reduzierung des Alkoholkonsums aus medizinischen Gründen ein. Selbsthilfe-Organisationen wurden wegen der vielfältigen durch Alkohol verursachten Probleme im Zeitalter der Industrialisierung Ende des 19. Jahrhunderts gegründet. Seit dieser Zeit wurden von ärztlicher Seite Bemühungen unternommen, Hilfsangebote für Alkoholabhängige zu entwickeln. Meist wurden Alkoholkranke aber ausgegrenzt und landeten in »Trinkerasylen etc.«, später in psychiatrischen Kliniken (Schott 2001). In Deutschland wurde erst 1968 vom Bundessozialgericht Alkoholismus als Krankheit anerkannt (BSG, 18.06.1968 - 3 RK 63/66).

Ebenfalls beginnend im 19. Jahrhundert hat Alkohol (»Feuerwasser«) wesentlich zu der Zerstörung von alten Kulturen der Ureinwohner, v. a. in Nordamerika sowie in Australien nach Ankunft der Europäer, beigetragen.

Vor allem in den europäisch bzw. christlich geprägten Ländern der Welt ist der Alkoholkonsum in den letzten Jahrzehnten ein sozialmedizinisches Problem ersten Ranges geworden. Dagegen ist in Ländern, in denen andere Religionen (Islam, Hinduismus und auch Buddhismus) vorherrschen, Alkohol bislang nur von geringerer sozialmedizinischer Bedeutung (WHO 2018).

1 Einleitung

1.2 Fallvignetten

Fallvignette 1 (körperliche Folgeerkrankungen):
Der 56-jährige alleinlebende Herr H. ging auf Anraten seiner Tochter nach längerer Zeit wieder einmal zu seinem Hausarzt. Dort berichtete er, der Tochter sei aufgefallen, dass er bei den wenigen Kontakten abgeschlagen und müde wirke. Dem Hausarzt fiel in dem Gespräch eine Gelbfärbung der Skleren auf. Bei der körperlichen Untersuchung stellte der Arzt eine gering vergrößerte und verhärtete Leber sowie abgeschwächte Reflexe an den Beinen und einen breitbeinigen Gang fest.

Auf Nachfragen gab Herr H. an, Alkohol in Maßen zu trinken, so wie andere auch. Rauschzustände wurden verneint. Der Zigarettenkonsum wurde mit einer Packung pro Tag angegeben. Auf weitere Nachfrage negierte Herr H. gesundheitliche Probleme bei seiner Arbeit als selbstständiger Versicherungsvertreter. Die Konkurrenz durch die Online-Versicherungen sei allerdings sehr hart und er erreiche kaum noch die Anzahl der geforderten Neuverträge. Abends brauche er dann immer häufiger etwas zur Entspannung. Er trinke dann gern ein oder zwei Bier. Der Hausarzt äußerte daraufhin seinen Verdacht, dass Herr H. einen gesundheitsschädlichen Alkoholkonsum betreibt, der schon zu einer Leberschädigung geführt hatte. Er schlug Herrn H. daher vor, sich in einer internistischen Klinik eingehend untersuchen zu lassen. Herr H. bat um einige Tage Bedenkzeit.

Drei Wochen später erscheint er wieder in der Praxis seines Hausarztes. Diesmal hat er eine deutlich sichtbare gelbliche Verfärbung der Haut und der Skleren. Der Hausarzt weist ihn umgehend in eine internistische Klinik ein. Dort wird sonografisch ein zirrhotischer Umbau der Leber sowie ein leichter Aszites festgestellt. Im Labor weist Herr H. eine deutliche Erhöhung des Bilirubins und der Leberenzyme auf.

Nach der Aufklärung über diese Diagnose bittet ihn der Stationsarzt, zu einem Gespräch über das weitere Vorgehen auch Familienangehörige hinzuzuziehen. Zwei Tage später kommt die

Tochter, die berichtet, dass ihr Vater seit mindestens 30 Jahren regelmäßig Alkohol trinkt. Deshalb sei es zu Auseinandersetzung mit ihrer Mutter gekommen, die sich vor etwa 15 Jahren von ihrem Vater getrennt habe. Seitdem lebe er allein. In dem Gespräch gibt Herr H. nur einen vermehrten Alkoholkonsum seit seiner Trennung von der Ex-Ehefrau zu. Am Ende des Gesprächs stimmt Herr H. nach Zögern und auf Drängen der Tochter dem Vorschlag des Arztes zu, mithilfe der Sozialarbeiterin eine Rehabilitationsbehandlung zu beantragen.

Fallvignette 2 (Co-Alkoholismus, abhängige Persönlichkeit, psychosoziale Probleme):
Die 39-jährige Frau V. wurde nachts gegen 2 Uhr erstmals in einer psychiatrischen Klinik aufgenommen. In der Notaufnahme hatte sie unter ständigem Schluchzen angegeben, ihr alkoholkranker Lebenspartner habe sie wiederholt geschlagen, besonders heftig an diesem Abend. Bei der körperlichen Untersuchung fiel der Aufnahmeärztin multiple Hämatome, Schürfwunden und eine Platzwunde am Kopf auf. Als die Ärztin diese durch Fotoaufnahmen dokumentieren wollte, lehnte Frau V. dies vehement ab und behauptete, sie sei leicht alkoholisiert gestolpert und die Treppe heruntergefallen. Dabei habe sie sich die Prellungen zugezogen. Die Ärztin stellte eine leichte Alkoholfahne fest und bat Frau V. um eine Atemalkoholbestimmung. Das Messgerät zeigte 2,4 ‰ an. Als Frau V. dies hörte, fing sie laut an zu schreien: »Ich will nur, dass ihr alle mich in Ruhe lasst. Wenn ihr mich nicht in Ruhe lasst, bringe ich mich um!«

Sie ging nach ein paar Minuten auf den Vorschlag der Aufnahmeärztin ein, sich zumindest für eine Nacht in der psychiatrischen Klinik aufnehmen zu lassen. Auf der Station beruhige sich Frau V. so weit, dass sie bald einschlief. Bei der Visite durch den Stationsarzt am nächsten Morgen verneinte Frau V. regelmäßigen Alkoholkonsum. Nur ihr Partner sei Alkoholiker. Sie wolle sich von ihm trennen und bitte daher um ein Gespräch mit der Sozialarbeiterin. Nach diesem Gespräch erlitt Frau V. plötzlich einen generalisierten Krampfanfall.

1 Einleitung

Bei der darauffolgenden eingehenden körperlichen Untersuchung wurde in der Computertomografie eine leichte Atrophie des Großhirns und auch des Kleinhirns festgestellt. In den Laboruntersuchungen waren die Leberenzyme, v. a. aber auch das MCV mit 103 fl erhöht. Der Stationsarzt interpretierte diese Werte als Hinweis auf eine Alkoholabhängigkeit. In einem längeren Gespräch versuchte er, Frau V. von einer längeren Krankenhausbehandlung zu überzeugen. Am Ende gab Frau V. an, sie wolle sich dies noch überlegen. Eine Stunde später erschien ihr Partner mit einem Blumenstrauß auf Station. Frau V. verließ kurz darauf die Station, ohne sich zu verabschieden.

Etwa zwei Jahre später wurde Frau V. von einem Sozialarbeiter in der psychiatrischen Klinik vorgestellt. Er hatte sie unter einer Brücke schlafend in stark alkoholisiertem und verwahrlostem Zustand aufgefunden. Frau V. war bei Aufnahme deutlich unterkühlt und kaum in der Lage, ein geordnetes Gespräch zu führen. Sie wurde umgehend stationär aufgenommen. Dem Stationsarzt gelang es zunächst nicht, sie eingehend zu explorieren. Wenn männliche Pfleger ins Zimmer kamen, reagierte sie sehr schreckhaft und ablehnend. In einem längeren Gespräch mit der Oberärztin erzählte sie, dass sie nach dem letzten Klinikaufenthalt wieder zu ihrem alten Partner zurückgekehrt war. »Er hat auch seine guten Seiten«. Nach kurzer Zeit habe er wieder angefangen, sich an ihr zu vergehen. Um dies ertragen zu können, habe sie begonnen, immer mehr hochprozentigere Alkoholika zu trinken. Sie habe dann ihre Arbeit nicht mehr geschafft und sei gekündigt worden. Danach habe sie nur noch zuhause rumgesessen und gesoffen. Eines Tages sei ihr Partner in betrunkenem Zustand eine Treppe heruntergefallen und kurze Zeit danach an den Folgen eines Schädelbasisbruches gestorben.

Sie habe danach allein versucht, vom Alkohol wegzukommen. Sie habe es aber nicht geschafft. Dann habe sie ihre Wohnung wegen Mietschulden verloren und sei schließlich auf der Straße gelandet. Jetzt wisse sie überhaupt nicht mehr weiter und würde jede Hilfe dankbar annehmen.

Fallvignette 3 (rechtliche Probleme durch Alkohol, Stigmatisierung)

Nach einem schweren Verkehrsunfall mit Verletzten ordnete die Polizei bei dem 24-jährigen Fahrer, Herrn A., der den Unfall durch seinen zu schnellen und riskanten Fahrstil verursacht hatte, eine Blutuntersuchung auf Alkohol an. Die Bestimmung ergab 1,9 ‰. In der Gerichtsverhandlung kam der Gerichtsmediziner aufgrund der Angaben von Herrn A. zu einem errechneten Ausgangswert von 2,1 ‰. Herr A. gab an, auf einer Betriebsfeier getrunken zu haben. Er sei nicht betrunken gewesen. Das Gericht verurteilte Herrn A. wegen fahrlässiger schwerer Körperverletzung in zwei Fällen zu einer Geldstrafe von 60 Tagessätzen und verhängte ein dreimonatiges Fahrverbot.

Acht Jahre später wurde bei Herrn A. bei einer Polizeikontrolle wegen eines auffälligen Fahrverhaltens eine Atemalkoholbestimmung durchgeführt. Sie ergab 1,7 ‰. Herr A. behauptete wiederum, dass er nur bei »besonderen Gelegenheiten« Alkohol trinke, er habe kein Problem mit Alkohol. Herrn A. wurde von der Polizei wegen Fahrens in alkoholisiertem Zustand der Führerschein für ein Jahr entzogen.

Ein halbes Jahr später wurde die Polizei von einem Busfahrer alarmiert, weil in seinem Bus gerade eine heftige Auseinandersetzung zwischen mehreren Fahrgästen stattfand. Bei Eintreffen der Polizei hatten sich zwei von ihnen gegenseitig ins Gesicht geschlagen. Der eine der Kontrahenten war Herr A. Er war sehr erregt und konnte von den Polizisten kaum gebändigt werden. Er gab an, der neben ihm Sitzende hätte ihn mit der Bemerkung provoziert: Er sei wohl Alkoholiker, wenn er schon gegen 18 Uhr eine deutliche Alkoholfahne habe. Er solle sich auf einen anderen Platz setzen. Andere Fahrgäste hätten sich ebenfalls abfällig geäußert. Daraufhin habe er sich zur Wehr gesetzt, denn er lasse sich so etwas nicht nachsagen. Er sei kein Alkoholiker.

Da der andere wegen seiner Gesichtsverletzungen Anzeige erstattete, wurde bei beiden Kontrahenten eine Blutprobe angeordnet. Die des anderen ergab eine BAK von 0 ‰, während Herr

A. 2,3 ‰ hatte. Die Polizisten hatten in dem Protokoll notiert, dass Herr A. außer einem leicht geröteten Gesicht mit zwei Prellmarken und der Alkoholfahne keine Auffälligkeiten zeigte. Vor Gericht gab Herr A. wiederum an, nur gelegentlich viel zu trinken, dann oft bis zum Rausch. Es kam zu einer Strafe von einem halben Jahr Haft auf Bewährung. Die Richterin hatte in ihrem Urteil ausdrücklich betont, dass bei einer erneuten Straftat unter Alkoholeinfluss eine Unterbringung in einer Entziehungsanstalt nach § 64 StGB erwogen werden müsse. Sie habe allerdings Zweifel, ob diese Maßnahme Erfolg hätte, da Herr A. offensichtlich Rauschtrinker sei und trotz der Konflikte mit dem Gesetz keine Veränderungsbereitschaft zeige.

2
Epidemiologie

Nach Studien der WHO haben 2016 weltweit nur etwa 43 % der über 15-Jährigen Alkohol konsumiert. Europa gehört zu den Regionen in der Welt, in denen besonders oft und viel Alkohol konsumiert wird (WHO 2018). In Deutschland bleiben nach verschiedenen Erhebungen nur etwa 4–8 % der Bevölkerung lebenslang durchgängig alkoholabstinent. 71,6 % haben im letzten Monat vor einer Befragung Alkohol getrunken (Drogen- und Suchtbericht 2019, S. 53).

2 Epidemiologie

2.1 Alkoholkonsum

Deutschland zählt mit einem jährlichen durchschnittlichen Konsum von 11,0 l pro Kopf der Bevölkerung über 15 Jahre zu den Ländern mit einem hohen Konsum. Der Alkoholkonsum in Deutschland zeigt seit dem Jahre 1976 eine leicht rückläufige Tendenz (Drogen- und Suchtbericht 2019, S. 55). Dies betrifft vor allem den Bier- und Spirituosenkonsum. Der Verbrauch an alkoholischen Getränken ist aber im internationalen Vergleich weiter sehr hoch (WHO 2018). Der durchschnittliche Alkoholkonsum ist regional in Deutschland unterschiedlich (Drogen- und Suchtbericht 2019, S. 54). In Deutschland beträgt das durchschnittliche Alter beim ersten Konsum von Alkohol 13,8 Jahre (DKFZ 2017, S. 29). Der Alkoholkonsum ist neben Alter und Geschlecht auch abhängig vom sozialen Status. Bei über den 45-Jährigen trinken vor allem Personen mit einem hohen sozialen Status (DKFZ 2017, S. 51).

Nach den oben genannten Zahlen betrug in Deutschland der durchschnittliche Alkoholkonsum bei den über 15-Jährigen etwa 30 g pro Tag. In einer Befragung (RKI-GEDA) wurde ein riskanter Alkoholkonsum, definiert als > 10 g/Tag bei Frauen bzw. > 20 g/Tag bei Männern, von 14,4 % bzw. 18,3 % der entsprechenden Bevölkerung zwischen 18–64 Jahren angegeben, d. h. hoher Alkoholkonsum ist auf eine kleine Bevölkerungsgruppe beschränkt. Ein Rauschtrinken, definiert als sechs oder mehr alkoholische Getränke mindestens einmal im Monat, wurde bei einer Befragung (RKI-GEDA) von 44,7 % der Männer und 25,9 % der Frauen im Alter von 18–64 Jahren angegeben. Bei den älteren war der Anteil 35,1 % bzw. 21,9 % etwas niedriger. Aber insgesamt hatten fast ein Drittel der Erwachsenen angegeben, einmal im Monat einen Alkoholrausch zu haben. Bei Jugendlichen im Alter von 12–17 Jahren lag der Anteil bei Männern bei 16,7 % und bei Frauen bei 11,4 %.

Der Anteil der Bevölkerung, die einen risikoreichen Alkoholkonsum betreibt, bleibt (mit Schwankungen) bis ins höhere Lebensalter hoch. Nach dem 64. Lebensjahr kommt es nur zu einer geringen

Reduzierung des Bevölkerungsanteils, die einen riskanten Alkoholkonsum betreibt, auf noch etwa 18 % bei den über 65-jährigen Männern und etwa 12 % bei den Frauen in diesem Alter (DKFZ 2017, S. 41).

Eine Studie aus Großbritannien hat gezeigt, dass bei einer personenbezogenen Betrachtung die Trinkmenge im Laufe des Lebens ein typisches Muster zeigt: Anstieg von der Jugend bis zum 25. Lebensjahr, danach absinkt und bis etwa zum 60. Lebensjahr konstant bleibt, um danach sich weiter zu verringern. Aber die Anzahl der Trinktage steigt in der mittleren Altersgruppe an (Britton et al. 2015). Auch eine Studie aus den USA zeigte eine Verringerung der Trinkmenge in höherem Alter (Brennan et al. 2011). Eine weitere britische Studie ergab, dass das Trinkverhalten im Verlauf von 28 Jahren relativ stabil ist mit Ausnahme derjenigen, die anfangs sehr große Mengen Alkohol konsumiert haben. Diese haben im Verlauf ihre Trinkmenge verringert (Knott et al. 2018). Eine spanische Studie zeigte dagegen häufigere Änderungen im Trinkmuster innerhalb von drei Jahren (Soler-Vila et al. 2014).

Der Anteil der Alkoholabhängigen in der deutschen Bevölkerung im Alter von 15–64 Jahren wurde in einer anderen Studie (IFT-ESA) mit 4,0 % ermittelt (DKFZ 2017, S. 43). Der Anteil war bei Frauen mit 2,1 % deutlich niedriger als bei Männern mit 5,2 %. Nach epidemiologischen Untersuchungen (anhand von DSM IV-Kriterien (APA 1994)) beträgt die Zahl der Betroffenen in Deutschland in der Altersgruppe zwischen 18 und 64 Jahren (Atzendorf et al. 2019):

- Alkoholmissbrauch   etwa 1,4 Millionen
- Alkoholabhängigkeit   etwa 1,6 Millionen

2.2 Behandlungsfälle

Bei 314.211 Behandlungsfällen in deutschen Krankenhäusern wurde 2017 als Diagnose eine psychische oder Verhaltensstörung durch

Alkohol (ICD-10: F10.x) angegeben. Dies entspricht fast 75 % aller Krankenhausbehandlungen wegen einer Suchtproblematik. Von der Deutschen Rentenversicherung wurden 2018 in 26.743 Fällen eine stationäre und in 8.113 Fällen eine ambulante Rehabilitationsbehandlung bewilligt. In der ambulanten Suchthilfe (Beratungsstellen etc.) waren fast 50 % der Klienten mit einer Suchtproblematik alkoholkrank (Drogen- und Suchtbericht 2019, S. 17–20).

Die Zahl der Todesfälle, die ausschließlich durch Alkoholkonsum bedingt sind, ist in den letzten 20 Jahren gesunken, bei Männern wesentlich deutlicher als bei Frauen. 2012 starben in Deutschland rund 21.000 Menschen im Alter von 15–64 Jahren (ca. 16.000 Männer und 5.000 Frauen) an Erkrankungen, die entweder ausschließlich auf Alkohol zurückzuführen sind oder für die der Alkoholkonsum ein Risikofaktor darstellt (DKFZ 2017, S. 58–59).

2.3 Volkswirtschaftliche Belastung durch die Alkoholkrankheit

Erhöhter Alkoholkonsum ist ein vorrangiges sozialmedizinisches Problem, denn erhebliche volkswirtschaftliche Kosten, entstehen in Deutschland vor allem durch:

- Produktionsausfälle durch alkoholbedingte Erkrankungen und Fehlen am Arbeitsplatz (»Blaumachen«) (▶ Kap. 6.3).
- Ausgaben im Gesundheitswesen für alkoholbedingte Erkrankungen und Unfälle (▶ Kap. 5 und ▶ Kap. 6.4).
- Erhöhte Mortalität durch alkoholbedingte Erkrankungen und Unfälle (▶ Kap. 6.5).
- Soziale Folgekosten (Sozialhilfe) für durch Alkoholmissbrauch zerrüttete Familien (▶ Kap. 6.2).
- Frühzeitige Berentung, auch Unfallrente (▶ Kap. 6.4).

2.3 Volkswirtschaftliche Belastung durch die Alkoholkrankheit

- Folgekosten bei fetalem Alkohol-Embryopathie-Syndrom (▶ Kap. 5.3.11).

Dabei ist zu beachten, dass die gesundheitlichen und sozialen Probleme nicht nur eine Folge einer Alkoholabhängigkeit sind, sondern auch schon bei erhöhtem Konsum auftreten können, insbesondere bei Alkoholintoxikationen (Rauschtrinken). Die alkoholbedingten gesundheitlichen Folgen können sehr unterschiedlich sein (Wetterling et al. 1999b). Erhöhter Alkoholkonsum wird als ein wesentlicher Faktor für eine Multimorbidität angesehen (Wetterling 2019). Es liegen nur Schätzungen zu den volkswirtschaftlichen Kosten durch Alkohol vor (▶ Tab. 2.1). Die direkten Kosten werden mit insgesamt 9,15 Milliarden € angegeben. Den Hauptanteil machen die Krankheitskosten aus (▶ Tab. 2.1). Die indirekten Kosten werden auf insgesamt 30,15 Milliarden € geschätzt.

Tab. 2.1: Volkswirtschaftliche Kosten durch erhöhten Alkoholkonsum (Quelle: DKFZ Alkoholatlas 2017, S. 71; Kraus et al. 2019).

Kosten für	Geschätzte Kosten Milliarden €
Krankheitskosten (zulasten der Krankenkasse)	7,55
Indirekte Kosten	
Resourcenverlust durch hohe Mortalität	10,61
Langzeitarbeitslosigkeit (Arbeitslosengeld II)	8,64
Arbeitsunfähigkeit	4,28
Kurzfristige Arbeitslosigkeit (Arbeitslosengeld I)	3,26
Frühberentung wegen Erwerbsminderung	1,68
Ausfallzeit für Rehabilitationsmaßnahmen	0,97
Pflegebedürftigkeit	0,71

3

Alkohol-pharmakologische Eigenschaften

Definition:
Der Begriff Alkohol geht auf das arabische Wort »alkuhl« zurück, bedeutet das »Feinste, feines Pulver« und bezeichnete ursprünglich die feinen, nichtflüchtigen Bestandteile des Weines. Über die Mauren in Spanien gelangte der Begriff wie auch andere chemische Bezeichnungen in die europäischen Sprachen. In der Chemie wird mit Alkohol eine große Gruppe von Substanzen bezeichnet, die mindestens eine Hydroxyl-(-OH)gruppe haben. Die chemischen Eigenschaften, z. B. ihre Eignung als Lösungsmittel etc., hängen von der Länge der Kohlenstoffkette ab.

3 Alkohol-pharmakologische Eigenschaften

Ethylalkohol oder Ethanol (C_2H_5OH) ist eine farblose, brennbare Flüssigkeit. Ethanol entsteht bei der natürlichen Gärung von Zuckern und besitzt bemerkenswerte physikalisch-chemische Eigenschaften: Er ist sowohl sehr gut wasserlöslich (hydrophil) als auch fettlöslich (lipophil) und kann sich daher nach Aufnahme in den Körper schnell in nahezu alle Körperorgane verteilen.

Ethylalkohol ist als berauschender Bestandteil von Wein, Bier oder Schnaps eine klassische, schon seit dem Altertum bekannte psychotrope Substanz, die u. a. durch die Gärung von Früchten gewonnen wurde. Dem allgemeinen Sprachgebrauch folgend wird in diesem Buch – chemisch nicht korrekt – die Bezeichnung Alkohol ausschließlich für Ethylalkohol benutzt.

Tab. 3.1: Alkoholgehalt verschiedener Getränke (Durchschnittswerte)

Getränk	Alkohol %	g Alkohol/l	kJ/l*
»Alkoholfreies« Bier	max. 0,5	4	120
Bier/Pils/Altbier/Weizenbier	4,5–6	36–45	2.000–4.500
Apfelwein/Cidre	5	40	–4.000
Bockbier	7–8 (–12)	55–90	–4.000
Weißwein	10–12 (8–15)	90 (60–120)	–4.000
Obstwein	11 (8–15)	90 (60–120)	–4.000
Rose	11	90	–3.000
Sekt	11	90	–4.600
Rotwein	12,5	100	–3.000
Sherry/Portwein	17–20	135–160	–6.000
Likör	25–40	200–320	–15.000
Weinbrand/Cognac	36–40	280–320	–10.000
Doppelkorn (Schnaps)/Whisky	32–40	320	–12.000

3 Alkohol-pharmakologische Eigenschaften

Tab. 3.1: Alkoholgehalt verschiedener Getränke (Durchschnittswerte) – Fortsetzung

Getränk	Alkohol %	g Alkohol/l	kJ/l*
Wodka/Rum	40(–75)	320(–590)	12.000–22.000

* 1 g Alkohol enthält eine Energiemenge von 29,6 kJ (etwa 7 kcal). Teilweise sind die Energiemengen aufgrund des Gehalts an Zucker, Stärke etc. höher als es der Alkoholmenge entspricht.

> **Merke:**
> Ein wenig beachteter Aspekt ist der hohe Energiegehalt (»Kalorien«) von Alkohol. Dieser ist mit 7,1 kcal pro Gramm höher als der von Zucker (4,1 kcal) und niedriger als der von Fett (9,3 kcal). Dies führt häufig dazu, dass Alkoholabhängige einen großen Teil ihres Energiebedarfs durch Alkoholtrinken decken. Hierbei handelt es sich um »leere Kalorien«, denn Vitamine und Mineralien wie in anderen Lebensmitteln fehlen. Dies ist ein wesentlicher Grund für eine Reihe von Organschädigungen bei chronischem Alkoholkonsum (Barve et al. 2017).
>
> Meist enthalten alkoholische Getränke je nach Ausgangssubstanz (Frucht, Getreideart) und Gewinnungsprozess weitere pharmakologisch relevante Substanzen: Zucker, Fruchtester, Methanol und höhere Alkohole, Acetaldehyd und andere. Diese werden u. a. für unangenehme Wirkungen wie den »Kater« am nächsten Morgen oder Kopfschmerzen verantwortlich gemacht.
>
> Da Alkohol durch die natürliche Gärung von Zuckern entsteht, enthalten auch einige Lebensmittel geringe Mengen an Alkohol (in Volumenprozent):
>
> - Brot: bis 0,3 %
> - Apfelsaft: bis 0,4 %
> - Sauerkraut: 0,5 %
> - Traubensaft: bis 0,6 %
> - reife Banane: bis 1 %
> - reifer Kefir: bis 1 %

3.1 Resorption (Aufnahme in den Körper)

Alkohol wird in der Regel getrunken, also in flüssiger Form oral »eingenommen«. Da Alkohol eine wasser- und fettlösliche Substanz ist, diffundiert er leicht durch biologische Membranen und wird schnell und vollständig im oberen Verdauungstrakt resorbiert. Er wird über die Portalvene zunächst der Leber zugeführt und danach über den Blutkreislauf auf den gesamten Organismus, vorwiegend auf die Körperflüssigkeiten, verteilt. Bereits fünf Minuten nach Aufnahme des Alkohols kann er im Blut nachgewiesen werden, wobei die Maximalkonzentration hingegen erst nach 30–90 Minuten nach der Alkoholaufnahme zu erwarten ist. Eine Reihe von Faktoren kann die Resorption von Alkohol beeinflussen (Cederbaum 2012). Eine schnellere Aufnahme wird v. a. gefördert durch:

- weibliches Geschlecht,
- hohes Lebensalter,
- Adipositas
- Trinken auf »nüchternen« Magen sowie
- hoher Alkoholgehalt des Getränks (▶ Tab. 3.1)
- Kohlensäuregehalt des Getränks

Aufgrund der Wasser- und Fettlöslichkeit verteilt sich die resorbierte Alkoholmenge rasch und relativ gleichmäßig in allen Geweben und Flüssigkeiten. Biologische Barrieren wie die Blut-Hirn-Schranke stellen kein Hindernis für Alkohol dar. Daher gestattet die Bestimmung der Alkoholkonzentration im Blut (BAK) eine Aussage über die Konzentration im Zentralnervensystem.

3.2 Elimination (Abbau im Körper und Ausscheidung)

Die im Körper resorbierte Alkoholmenge wird in einer Reihe von Wegen verstoffwechselt (Cederbaum 2012). Im Magen erfolgt schon ein Abbau durch die Resorption von Alkohol in der Magenwand, was auch als first-pass Metabolismus bezeichnet wird. Bis zu 15 % der Alkoholmenge, die von der Magenschleimhaut resorbiert wird, gelangen daher nicht in den Blutstrom. Alkohol wird überwiegend durch das Enzym Alkoholdehydrogenase, hauptsächlich (> 80 %) in der Leber metabolisiert. Ein kleiner Teil von etwa 5 % wird über die Lungen durch Abatmung eliminiert, was landläufig unter dem Begriff der »Alkoholfahne« bekannt ist und zum Schnelltest auf einen Alkoholkonsum (z. B. bei Verkehrskontrollen) genutzt werden kann (▶ Kap. 6.7.3). Maximal 2 % werden unverändert über die Haut (Schweiß) oder im Urin ausgeschieden. Auch in anderen Organen werden geringe Mengen an Alkohol abgebaut (Molina et al. 2014). Ob und inwieweit Alkohol auch im Gehirn verstoffwechselt werden kann, ist bisher nicht eindeutig geklärt (Peana et al. 2017).

In der Leber wird Ethanol in zwei Schritten metabolisiert, die in Abbildung 3.1 dargestellt sind. Das Enzym Alkoholdehydrogenase (ADH) wandelt Ethylalkohol in Acetaldehyd um. Dann wird Acetaldehyd unter Einwirkung des Enzyms Aldehyd-Dehydrogenase (ALDH) in Essigsäure umgewandelt, die unter Freisetzung von ATP weiter in Kohlenstoffdioxid und Wasser abgebaut wird. In der Leber kann Alkohol auch noch über eine andere Gruppe von Enzymen, das mikrosomale Ethanol oxidierendes System (MEOS) abgebaut werden (Lieber 2004). Dieses System ist von der Cytochrome P450c Oxidase Typ 2E1 abhängig. Dieses Enzym ist auch am Abbau von Medikamenten beteiligt, sodass deren Konzentrationen bei chronischem Alkoholkonsum steigen können und es dadurch zu toxischen Effekten kommen kann. Bei dem Abbau von Alkohol kommt es auch zur Bildung von erheblichen Mengen an sogenannten reaktiven oxidati-

3.2 Elimination (Abbau im Körper und Ausscheidung)

ven Molekülen (ROS) (»oxidativer Stress«) (Cederbaum 2012). Diese werden neben Acetaldehyd für die organschädigende Wirkungen von Alkohol, insbesondere der Leber als wesentlich angesehen (Molina et al. 2014) (▶ Kap. 4 und ▶ Kap. 5). Andere Alkohole, die in vielen alkoholischen Getränken enthalten sind, werden vorwiegend über das MEOS abgebaut.

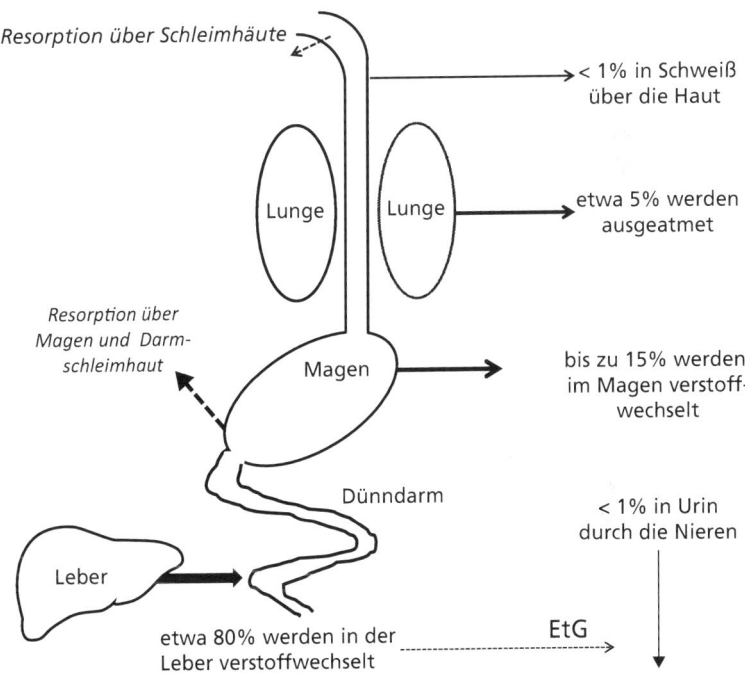

Abb. 3.1: Alkoholresorption und -elimination (schematisch dargestellt)

Ein geringer Teil des konsumierten Alkohols wird als Konjugat im Urin ausgeschieden. Dabei wird Alkohol mittels des an Mitochondrien gebundenen Enzyms Uridindiphosphat-Glukuronyl-Transferase (UGT) mit aktivierter Glukuronsäure (Uridin-5´-diphospho-ß-Glukur-

3 Alkohol-pharmakologische Eigenschaften

onsäure) zu Ethylglucuronid (EtG) konjugiert. Ethylglucuronid ist somit ein direkter Alkoholmetabolit, der zum Nachweis eines aktuellen Alkoholkonsums, z. B. auch als Rückfallmarker verwendet werden kann (Wetterling et al. 2014) (▶ Kap. 8.3.2).
Der Abbau von Alkohol (Ethylalkohol) verläuft nach Konsum höherer Mengen zeitlich linear, d. h. pro Zeiteinheit wird annähernd die gleiche Menge abgebaut. Der Abbau erfolgt über einige Schritte (s. o.), die enzymatisch gefördert werden. Da es von diesen Enzymen Isoenzyme gibt, ist die Abbaurate genetisch determiniert (Cederbaum 2012). Bei einem durchschnittlichen europäischen Erwachsenen beträgt die Abbaurate pro Stunde etwa 10 ml Alkohol, d. h. in einer Stunde baut er z. B. etwa 20 ml 40 % Wodka oder 0,2 l Bier ab. Sie ist von einigen Faktoren abhängig. So ist die Abbaurate v. a. bei Jugendlichen und Hochbetagten geringer. Auf das Körpergewicht bezogen, ist bei Frauen die Elimination etwas höher (Cederbaum 2012).

3.3 Altersabhängige pharmakologische Alkoholeffekte

Die pharmakologischen Effekte von Alkohol zeigen eine deutliche Altersabhängigkeit. So ist aufgrund der geänderten Wasser-/Fettverteilung im Körper das Verteilungsvolumen von Alkohol im Körper bei älteren Menschen verringert (Vogel-Sprott und Barrett 1984). Insbesondere die Pharmakodynamik des Alkohols ist im Alter deutlich verändert. Die maximale BAK wird verzögert erreicht (Oneta et al. 2001) und Alkohol wird im Alter auch langsamer abgebaut (Meier und Seitz 2008), sodass schon geringere Mengen als bei Jüngeren schädlich sein können. Bei gleicher BAK sind die kognitiven Funktionen sowie die Bewegungskoordination bei älteren Menschen stärker gestört als bei Jüngeren (Vogel-Sprott und Barrett 1984). Die Gründe hierfür sind noch nicht hinreichend geklärt. Es werden zerebrale Vorschädigungen als Ursache vermutet (Sullivan und Pfefferbaum 2019). Diese können Folgen eines längeren Alkoholkonsums, z. B. mehrerer alkoholbedingter Erkrankungen, sein (Wetterling 2019) (▶ Kap. 5.1).

3.4 Organschädigende Stoffwechselprodukte

Bei dem Stoffwechsel von Alkohol entsteht eine Reihe von Substanzen, die vor allem bei einem längeren Konsum größerer Mengen organschädigend wirken (Molina et al. 2014; Rocco et al. 2014). Diese werden in Kapitel 5.3 dargestellt.

4

Neurobiologie

Alkohol hat vielfältige neurobiologische Effekte. Die genauen Wirkmechanismen von Alkohol auf das Gehirn sind noch nicht in allen Einzelheiten bekannt (Peana et al. 2017). Diskutiert werden einige Hypothesen, v. a.:

- Wirkungen auf Rezeptoren von Neurotransmittern
- Membranhypothese
- Wirkungen auf epigenetische Prozesse

Dabei sind die Akuteffekte von denen bei chronisch erhöhtem Alkoholkonsum zu unterscheiden. Ferner sind noch die Einflüsse von einem gleichzeitigen Nikotinkonsum, insbesondere hinsichtlich der Neurotransmission zu berücksichtigen (Hillmer et al. 2015).

4.1 Wirkungen auf Neurotransmittersysteme

4.1.1 Akute Wirkungen

Die akuten Wirkungen von Alkohol auf das zentrale Nervensystem (ZNS) sind nur schwer zu erforschen, da Alkohol nur flüchtige Anlagerungen an Proteine, Rezeptoren etc. eingeht (Howard et al. 2011). Diese entsprechen nicht chemischen Bindungen bzw. einer typischen Rezeptorbindung. Tierexperimentell konnte aber gezeigt werden, dass schon bei niedrigen BAK (unter 0,5 ‰) bestimmte Rezeptortypen im Gehirn »ansprechen« (Cui und Koob 2017).
Es gibt nur wenige ältere Liquoruntersuchungen zu den Akuteffekten bei Menschen (Übersicht Wetterling 2000). Durch Methoden wie die MR-Spektroskopie (MRS), Positron Emission Tomografie (PET) und Single Photon Emission Computed Tomography (SPECT) ist es möglich geworden, in-vivo Effekte von Alkohol zu messen (z. B. Hillmer et al. 2015; Volkow et al. 2017). Diese hängen v. a. von den Versuchsbedingungen ab. Die Effekte sind komplex und für verschiedene Hirnregionen einzeln zu betrachten (Abrahao et al. 2017), denn sie betreffen unterschiedliche Ebenen: z. B. Neurotransmitter-Konzentrationen bestimmbar mittels MRS oder Rezeptorendichte mittels PET. Die akuten Effekte von Alkohol lassen sich stark vereinfacht wie folgt zusammenfassen (Hillmer et al. 2015; Roberto und Varodayan 2017):

- inhibitorische Wirkung auf einige NMDA-Rezeptoren (N-Methyl-d-Aspartat-Rezeptoren des exzitatorischen Neurotransmitters Glutamat),
- verstärkt die inhibitorische Wirkung einiger GABA- und Glycin-Rezeptoren
- inhibitorische Wirkung auf Nikotin-Rezeptoren (Rezeptoren des Neurotransmitters Acetylcholin)

4.1.2 Veränderungen bei chronischem Alkoholkonsum

Bei chronischem Alkoholkonsum versucht der Organismus die schädigenden Auswirkungen soweit als möglich zu kompensieren (z. B. durch Verringerung der Rezeptordichte/-empfindlichkeit), d. h. es stellt sich ein neues homöostatisches Gleichgewicht ein. Diese Vorgänge führen zu einer erhöhten »Toleranz« gegenüber Alkohol, d. h. bei chronischem Konsum treten die klinisch sichtbaren Auswirkungen von Alkohol erst bei höheren BAK auf. Auf Neurotransmitter-Ebene sind folgende Veränderungen (stark vereinfacht) bekannt (Hillmer et al. 2015; Roberto und Varodayan 2017):

- eher verstärkende Wirkung auf einige NMDA-Rezeptoren (N-Methyl-d-Aspartat-Rezeptoren des exzitatorischen Neurotransmitters Glutamat).
- Verringerung einiger GABA-Rezeptoren (abhängig vom Hirnareal).
- verminderte Dopamin-Rezeptorendichte.

Inwieweit diese Veränderungen auf die Neurotoxizität oder auf neuroadaptive Prozesse zurückzuführen sind, ist noch nicht hinreichend geklärt, denn darüber können nur Studien bei längerer Abstinenz nach chronischem Alkoholkonsum Auskunft geben.

Eine MRS-Studie zeigte, dass die Glutamat-, Glycin und N-Acetyl-Aspartat-Konzentrationen im dorsalen anterioren Cingulum invers zu der Anzahl der Tage mit hohem Alkoholkonsum waren (Prisciandaro et al. 2019a).

4.1.3 Veränderungen im Entzug

Bei chronischem Alkoholkonsum versucht der Organismus die schädigenden Auswirkungen soweit als möglich zu kompensieren (z. B. durch Verringerung der Rezeptordichte). Wenn nach längerem Alkoholkonsum die Alkoholzufuhr plötzlich unterbleibt, wird das neue homöostatische Gleichgewicht abrupt gestört und es kommt zu

4.1 Wirkungen auf Neurotransmittersysteme

starken Gegenregulationsprozessen (Rebound). Dieser Vorgang wird als Entzugssyndrom bezeichnet (▸ Kap. 9.3.3). Folgende Veränderungen der Neurotransmittersysteme im Entzug sind bekannt (Hillmer et al. 2015; Roberto und Varodayan 2017; Koob und Colrain 2020):

- eher verstärkende Wirkung auf einige NMDA-Rezeptoren (N-Methyl-d-Aspartat-Rezeptoren des exzitatorischen Neurotransmitters Glutamat).
- vermehrte Noradrenalinausschüttung, die vor allem für die vegetative Symptomatik (Schwitzen, Blutanstieg etc.), aber auch für psychopathologische Symptome wie Angst und Unruhe verantwortlich ist.
- verminderte Aktivität des dopaminergen Systems im frühen Entzug.

Veränderungen des Schlafes, insbesondere die Unterdrückung und Fragmentierung des REM (Rapid-eye-movement)-Schlafs sind oft bei chronischem Alkoholkonsum zu beobachten. Im Alkoholentzug kommt es zum REM-rebound und es können im EEG pathologische REM-Schlaf ähnliche Muster auftreten, die im Delir kurzzeitig bis zu 100 % des EEG-Musters ausmachen können. Die Veränderungen des Schlafes im Alkoholentzug werden wahrscheinlich dadurch verursacht, dass Alkohol als positiver allosterischer Modulator der $GABA_A$-Rezeptoren wegfällt. Zudem kommt es zu einer verminderten Dopaminwirkung und einer erhöhten Aktivierung von Stress Neuromodulatoren wie Hypocretin/Orexin, CRF und Cytokinen (Koob und Colrain 2020).

Eine MRS-Studie zeigte im Entzug (2,5 Tage nach dem letzten Alkoholkonsum) bei Alkoholkranken erniedrigte Konzentrationen von GABA (γ-Aminobuttersäure) und Glutamin, aber nicht von Glutamat im präfrontalen Cortex im Vergleich zu »Normaltrinker« (Prisciandaro et al. 2019b). Zudem kommt es zu einem vorübergehenden Wegfall der supprimierenden Wirkung des Alkohols, v. a. auf GABA-Rezeptoren und damit zu einer verringerten Hemmung des Erregungsniveaus im ZNS. Dies kann zu Krampfanfällen führen, denn

GABA ist der wichtigste hemmende Neurotransmitter im ZNS. Nach etwa einer Woche haben sich die GABA-Konzentrationen dann wieder normalisiert (Prisciandaro et al. 2019c).

Im Alkoholentzug sind noch weitere Neurotransmittersysteme gestört (Junghanns und Wetterling 2017). Bei einem schweren Alkoholentzugssyndrom, insbesondere beim Alkoholentzugsdelir, kann es auch zu Elektrolytstörungen kommen (Wetterling et al. 1994).

4.2 Membranhypothese

4.2.1 Akute Wirkungen

Die sogenannte »Membranhypothese« geht davon aus, dass sich Alkohol aufgrund seiner Wasser- und Fettlöslichkeit in die Lipiddoppelschicht der Zellmembranen einlagern und dadurch deren Struktur verändern kann. Dadurch werden die in dieser Lipiddoppelschicht eingelagerten Ionenkanäle und Rezeptoren der Nervenzellen in ihrer Funktion beeinflusst. Die vorliegenden Daten sprechen aber dafür, dass diese Effekte erst bei sehr hohen Alkoholkonzentrationen (=»narkotische Wirkung«) zu beobachten sind (Most et al. 2014).

4.2.2 Veränderungen bei chronischem Alkoholkonsum

Über eine Reihe von Stoffwechselwegen (z. B. Bildung von Acetaldehyd und oxidativem Stress) kann chronischer Alkoholkonsum zur Schädigung von Glykokonjugaten führen. Diese sind ein wichtiger Bestandteil der Zellmembranen (Übersicht Waszkiewicz et al. 2012). Acetaldehyd kann die Blut-Hirnschranke nicht durchdringen, aber im ZNS kann Acetaldehyd gebildet werden (Heit et al. 2013).

Das Myelin, das die Nervenzellen im ZNS umhüllt, ist zu wesentlichen Teilen aus Lipiddoppelschichten aufgebaut, die zahlreiche

Glykolipide enthalten. Diese können durch Alkohol geschädigt werden (Nickel und Gu 2018). Diffusion tensor imaging (DTI)-Studien zeigen, dass die weiße Hirnsubstanz, die zu großen Teilen aus Myelin gebildet wird, in Abhängigkeit vom Schweregrad der Alkoholabhängigkeit geschädigt ist (Monnig et al. 2015). Inwieweit diese Schädigungen bei einer längeren Abstinenz reversibel sind, ist noch nicht geklärt (Monnig et al. 2013).

Zu erwähnen ist auch, dass chronischer Alkoholkonsum eine Veränderung der Darmpermeabilität verursachen kann und damit die Aufnahme »toxischer« Stoffe und auch Bakterien in den Körper fördern kann. Diese Prozesse können möglicherweise mit der Alkoholkrankheit assoziiert sein (Leclercq et al. 2019).

4.3 Epigenetische Prozesse

Epigenetische Prozesse sind hoch komplex (Bauer 2019; Jangra et al. 2016). Vereinfacht gesagt, steuern sie die Ablesung des genetischen Codes, der DNA. Sie bestimmen die Teile des Codes, die abgelesen werden und dann über eine Reihe von Schritten z.B. die Synthese bestimmter Proteine (Enzyme, Rezeptoren etc.) veranlassen. Das Ablesen des genetischen Codes (Transkription) kann durch epigenetische Mechanismen gefördert (z.B. durch Acetylierung der Histone) oder vermindert (z.B. Methylierung der Histone) werden. Die Histone fungieren dabei als eine Art Reaktionszentrum. Eine Methylierung an bestimmten Stellen der DNA (CpG) beeinflusst ebenfalls die Genexpression. Eine Hypermethylierung führt zu einer Hemmung der Transkription, während eine Hypomethylierung die Ablesung des entsprechenden Genabschnitts erlaubt.

Eine Reihe von Umwelteinflüssen u.a. auch psychische Belastungen, können epigenetische Prozesse beeinflussen (Bauer 2019). Alkoholkonsum beeinflusst eine Reihe von Stoffwechselvorgängen, die sich auf epigenetische Prozesse auswirken. Diese sind mitverantwortlich für Schädigungen des Gehirns (Jangra et al. 2016) und anderer Organe (Moghe et al. 2011; Varela-Rey et al. 2013) bei längerem (hohen) Alkoholkonsum. So bewirkt Alkohol u. a.:

* Histon-Modifikationen. Es kommt je nach aktuellen Bedingungen zu einer Acetylierung und Methylierung der Histone. Die dafür zuständigen Enzyme werden durch Alkohol beeinflusst, insbesondere durch eine vermehrte Produktion von NADH (Moghe et al. 2011).
* eine Methylierung der DNA kann durch Alkoholkonsum beeinflusst werden, denn S-Adenosyl Methionin, das als Quelle der Methylgruppen fungiert, wird beim Abbau von Alkohol in größeren Mengen verbraucht und somit seine Konzentration verringert (Parira et el. 2017). Durch hohen Alkoholkonsum wird die Produktion von Folsäure sowie dessen Aufnahme aus dem Darm verringert (Martin et al. 2003). Folsäure ist für den Methylierungsprozess erforderlich.

Viele, v. a. tierexperimentelle Studien sprechen auch für eine Beteiligung epigenetischer Mechanismen bei der Entwicklung einer Alkoholabhängigkeit (▶ Kap. 7.1.4). Durch epigenetische Mechanismen, die durch Alkoholkonsum beeinflusst werden, sind auch einige der Langzeiteffekte von Alkohol erklärbar.

5
Wirkungen von Alkohol

Bei der Betrachtung der Wirkungen von Alkohol auf die verschiedenen Körperorgane ist eine Reihe von Einflussfaktoren zu berücksichtigen:

- Direkte schädigende Wirkung (z. B. Pharynx, Gastrointestinaltrakt)
- Wirkung von »toxischen« Stoffwechselprodukten (z. B. Acetaldehyd, ROS) (▶ Kap. 3.2)
- Wirkung auf epigenetische Prozesse (▶ Kap. 4.3)

5.1 Wirkungen auf das Gehirn

Die Wirkungen von Alkohol auf das zentrale Nervensystem sind abhängig vom Zeitpunkt der Betrachtung. Es sind zu unterscheiden:

5.1.1 Bei aktuellem Konsum

Für die Akuteffekte sind v. a. von der konsumierten Alkoholmenge, insbesondere dem Alkoholgehalt des betreffenden Getränks sowie der Trinkgeschwindigkeit abhängig. Weiter ist auch die psychische und physische Verfassung des Konsumenten von Bedeutung. Eine Rolle spielt auch die Nahrungsaufnahme (Zeitpunkt und Art der Speisen) sowie die Einnahme von Medikamenten, v. a., wenn diese eine Wirkung auf das ZNS haben. Die akuten Effekte von Alkohol weisen eine deutliche Abhängigkeit von der Blutalkoholkonzentration (BAK) auf (▶ Tab. 5.1). Die Effekte bei ansteigender BAK unterscheiden sich von denen bei sinkender BAK (Mellanby 1919; Holland und Ferner 2017). Außerdem ist eine Gewöhnung an die Alkoholeffekte bei chronischem Konsum zu bedenken (Toleranzeffekt). Dieser Toleranzeffekt ist ein charakteristisches Zeichen für eine Alkoholabhängigkeit. Er führt dazu, dass die akuten Alkoholeffekte erst bei höherer BAK auftreten.

Bei niedrigeren Alkoholkonzentrationen sind v. a. die Fähigkeit, die Aufmerksamkeit zu richten und auch die Konzentration gestört. Dies ist durch vielfältige testpsychologische Untersuchungen bewiesen. Auch wird die Fähigkeit, schnell Bewegungen zu koordinieren eingeschränkt. Diese Störungen haben dazu geführt, dass der Gesetzgeber für Autofahrer Grenzwerte bestimmt hat (▶ Kap. 6.7.3).

Bei Personen, die nicht regelmäßig trinken, treten erste Intoxikationserscheinungen (verlängerte Reaktionszeit, Kritikminderung etc.) bei Blutalkoholkonzentrationen von etwa 0,5 ‰ und deutliche Intoxikationszeichen wie Enthemmung (»Rausch«), verwaschene Sprache, Gangstörungen ab etwa 1,0–1,5 ‰ auf. Personen, die es gewohnt

5.1 Wirkungen auf das Gehirn

sind, regelmäßig sehr große Mengen Alkohol zu trinken, können erst bei wesentlich höheren Promillewerten (bis etwa dem Doppelten der genannten Werte) Intoxikationszeichen zeigen. Daher besteht, wenn ein Patient trotz hoher Promillewerte weitgehend klinisch unauffällig ist, der Verdacht auf das Vorliegen einer Alkoholabhängigkeit.

Bei höheren Alkoholkonzentrationen kommt es zu einer zunehmenden Dämpfung zentralnervöser Strukturen, d. h. einer sedierenden oder hypnotischen Wirkung, Bewusstseinsstörung, bis hin zum Koma. Bei sehr hoher BAK kommt es zu einer Atemdepression und schließlich zum Tod (▶ Tab. 5.1).

Die zu beobachtenden akuten psychischen Effekte von Alkohol variieren je nach Persönlichkeitsstruktur des Trinkenden stark. Grundsätzlich wirkt Alkohol stimmungsverstärkend und – nicht wie häufig fälschlicherweise angenommen wird – stimmungsaufhellend, d. h. bei einem depressiv verstimmten Menschen können die negativen Gefühle zunehmen und er kann suizidal werden (Wetterling und Schneider 2013).

Akuter Alkoholkonsum verändert in Abhängigkeit von der Trinkmenge die Schlafarchitektur deutlich: Es kommt nach einer verkürzten Einschlafzeit in der ersten Hälfte des Schlafes zu vermehrtem Tiefschlaf und dosisabhängig zu vermindertem REM-Schlaf, während es in der zweiten Hälfte des Schlafes zu einem unruhigen Schlaf kommt (Einzelheiten siehe Colrain et al. 2014; Ebrahim et al. 2013). Alkohol bewirkt eine Erweiterung der Blutgefäße, wodurch ein subjektives Wärmegefühl ausgelöst wird, gleichzeitig aber auch ein Absinken der Körpertemperatur durch erhöhte Wärmeabgabe stattfindet. Da die Regulierung des Wärmehaushalts durch Alkohol, v. a. bei niedrigen Temperaturen erheblich gestört wird, kann es dazu führen, dass Kälte nicht mehr wahrgenommen wird und es zu Erfrierungen und durch die sedierende Wirkung sogar zum Kältetod kommen kann.

Tab. 5.1: Neuropsychiatrische Alkoholeffekte (Alkoholintoxikation)

BAK	Klinische Symptomatik	Folgen/Gefahren
ab 0,2 ‰	verlängerte Reaktionszeit verminderte Bewegungskoordination Kritikminderung erhöhte Risikobereitschaft Distanzlosigkeit	Überschätzung eigener Fähigkeiten unangepasste Fahrweise als Autofahrer interpersonelle Konflikte
ab 0,5 ‰ leichter Rausch	verminderte Konzentrationsfähigkeit verringerte Sehfähigkeit (Tunnelblick) herabgesetztes Hörvermögen erhöhte Reizbarkeit	Überschätzung eigener Fähigkeiten Fehler beim Autofahren interpersonelle Konflikte
ab 0,8 ‰	eingeschränkte Reaktionsfähigkeit Enthemmung Euphorie verwaschene Sprache Redseligkeit Gangstörungen	Unfallgefahr interpersonelle Konflikte Sturzgefahr
ab 1,5–2 ‰ starker Rausch	Rausch (Realitätsverkennung) Stimmungsschwankungen schwere Koordinationsstörungen Gleichgewichtsstörungen Orientierungsstörungen	interpersonelle Konflikte Sturz-/Unfallgefahr Suizidalität Erbrechen Aspiration
ab 3–4 ‰	starke Sedierung Somnolenz Bewusstlosigkeit Koma	Versagen der Schutzreflexe Aspiration Atemstillstand Tod

5.1.2 Bei chronischem Alkoholkonsum

Bei chronisch erhöhtem Alkoholkonsum kommt es im ZNS zu vielfältigen Anpassungsprozessen, deren Ziel es ist, die schädigenden Auswirkungen des Alkohols, der als von außen zugeführte Noxe anzusehen ist, soweit als möglich zu kompensieren (z. B. durch Verringerung der Rezeptordichte). Dadurch kommt es zu einem neuen »Gleichgewicht«. Dieser Vorgang wird auch Neuroadaptation genannt. Die chronischen Alkoholeffekte unterscheiden sich deutlich von den akuten. Mit zunehmender Trinkdauer steigt die Wahrscheinlichkeit von neuropathologisch nachweisbaren Veränderungen. Dabei sind eine Reihe von unterschiedlichen Schädigungstypen zu unterscheiden (Wetterling 2000, ▶ Tab. 5.2). Einige Schädigungstypen sind sehr selten. Sie können aber meist im MRT diagnostiziert bzw. differenziert werden (Zahr und Pfefferbaum 2017). Auf zellulärer Ebene sind v. a. die Astrozyten und Oligodendrozyten betroffen (Miguel-Hidalgo 2018).

Auch schon häufiges Trinken bis zum Rausch (»binge drinking«) in der Jugend führt zu einer Vielzahl von Veränderungen, die u. a. die cholinergen, serotonergen und dopaminergen Neurone betreffen und wahrscheinlich langfristig eine Suchtentwicklung fördern (Crews et al. 2019).

Tab. 5.2: Morphologische Hirnschädigungen bei chronisch erhöhtem Alkoholkonsum (Quelle: Zahr und Pfefferbaum 2017)

	Prävalenz bei chron. Alkohol (%)	Primär betroffene Hirnregionen	Sekundär betroffene Hirnregionen	Nachweis in bildgebenden Verfahren
Wernicke-Enzephalopathie	12–18	Corpus mamillare Periaqueduktales Grau, dorsale Medulla, Tectum, Olive, Pons, Gewebe um den 3. Ventrikel		MRT

Tab. 5.2: Morphologische Hirnschädigungen bei chronisch erhöhtem Alkoholkonsum (Quelle: Zahr und Pfefferbaum 2017) – Fortsetzung

	Prävalenz bei chron. Alkohol (%)	Primär betroffene Hirnregionen	Sekundär betroffene Hirnregionen	Nachweis in bildgebenden Verfahren
Korsakoff-Syndrom	10–15	Corpus mamilare Hippocampus, Thalamus, Orbitofrontaler Cortex	Cerebellum, Pons	MRT
Hepatische Enzephalopathie	3–16	Globus pallidus, Substantia nigra	Corticospinal Trakt Cortex	MRT
Kleinhirnatrophie	0,4–42	Cerebellum		MRT, CT
Pontine Myelinolyse	< 0,5	Pons		MRT
Marchiafava-Bignami-Syndrom	< 0,002	Corpus callosum	Cortex	MRT, CT
Alkohol-Demenz	3–24	Frontaler Cortex		(MRT)?

Diffusion tensor imaging (DTI)-Studien zeigen, dass die weiße Hirnsubstanz in Abhängigkeit vom Schweregrad der Alkoholabhängigkeit geschädigt ist (Monnig et al. 2015). Neben dem chronischen Alkoholkonsum sind die Schädigungen des ZNS u. a. auf einen ernährungsbedingten Mangel an Vitaminen bzw. Mineralen zurückzuführen (De la Monte und Kril 2014).

Schlafstörungen

Chronischer Alkoholkonsum beeinflusst in vielfältiger Weise den Schlaf des Menschen (z. B. Schlaflosigkeit (Insomnie) bzw. Verkürzung der Schlafdauer, Tagesmüdigkeit etc.) und fördert die Entwicklung von Folgeerkrankungen wie ein obstruktives Schlafapnoe-Syndrom oder Bewegungsstörungen im Schlaf (Chakravorty et al. 2016; Colrain et al. 2014). Schlafstörungen können bei Abstinenz sehr lange fortbestehen (bis zu vielen Monaten) (Koob und Colrain 2020) und der subjektive Auslöser für Rückfälle sein (Crum et al. 2004; Colrain et al. 2014).

Kognitive Störungen

Nach längerem Alkoholkonsum kommt es häufig zu deutlichen kognitiven Störungen bis hin zu einer Demenz. Am häufigsten fallen im klinischen Alltag Gedächtnisstörungen auf. Besonders oft imponiert eine Merkschwäche, die sich schleichend, aber besonders nach schweren Entzügen manifestiert. Sie beeinträchtigt die Fähigkeit des Betreffenden, an differenzierten Therapieprogrammen teilnehmen zu können. Eine ausgeprägte Störung der Merkfähigkeit (anterograde Amnesie) wird meist nach dem Erstbeschreiber als Korsakoff-Syndrom oder amnestisches Syndrom bezeichnet. Aber bei chronischem hohen Alkoholkonsum treten Störungen weiterer kognitiver Fähigkeiten auf, v. a. der räumlich-visuellen Wahrnehmung und der exekutiven Funktionen (Sachdeva et al. 2016). Bei einer dauerhaften Abstinenz ist nur eine partielle Rückbildung der kognitiven Störungen zu beobachten (Sachdeva et al. 2016). In einer MRT-Studie konnten Zeichen einer vorzeitigen Alterung des Gehirns bei hohem chronischem Alkoholkonsum nachgewiesen werden. Es bestand eine Korrelation zu der bisher im Leben getrunkenen Alkoholmenge (Guggenmos et al. 2017).

Der Zusammenhang zwischen Alkoholkonsum und dem Risiko, eine Demenz zu entwickeln, ist nicht linear. Nach einer Meta-Analyse ist bei moderatem Konsum das Risiko erniedrigt und bei einem höheren Konsum erhöht, wobei die Grenzwerte nicht klar definiert sind (Rehm et al. 2019). Die Grenzwerte werden in den verschiedenen Studien zwischen > 16 g und > 38 g Alkohol/Tag angegeben (Sabia et al. 2018; Xu et al. 2017). Der Konsum einer geringen Menge Alkohol

(< 12 g/Tag) hat aber nach einer Reihe von Studien bei älteren Menschen eine demenz-protektive Wirkung (z. B. Weyerer et al. 2011; Xu et al. 2017). Hoher Alkoholkonsum erhöht das Risiko, an Parkinson zu erkranken (Eriksson et al. 2013).

Schwere kognitive Störungen können auch innerhalb weniger Tage im Rahmen einer Wernicke-Enzephalopathie, die nach dem Erstbeschreiber benannt wurde, auftreten. Diese sind oft nicht reversibel oder nur teilreversibel. Eine Wernicke-Enzephalopathie ist im akuten Stadium oft nicht von einem Delir zu differenzieren (▶ Kap. 9.3.3). Meist, aber nicht obligat treten initial folgende Symptome auf: Bewusstseinstörung, Gangstörung/Ataxie, Augenmuskelparesen/Nystagmus, auch eine Tachykardie und Fieber. Oft bestand schon eine Polyneuropathie. Wenn die kognitiven Störungen sich zurückbilden und v. a. Gedächtnisstörungen mit einer ausgeprägten Merkschwäche bestehen bleiben, wird dies meist als Wernicke-Korsakoff-Syndrom bezeichnet (Junghanns und Wetterling 2017).

5.1.3 Alkoholentzugssyndrom

Wenn nach längerem Alkoholkonsum dieser plötzlich unterbrochen wird, kommt es in vielen Fällen zu einer Reihe von körperlichen und psychischen Symptomen, die sich bis hin zu einem Delir äußern können (Junghanns und Wetterling 2017) (▶ Kap. 9.3.3). Es lassen sich verschiedene Typen des Alkoholentzugs unterscheiden (Driessen et al. 2005; ICD-10 bzw. ICD-11 (WHO 1991, 2019). Die pathophysiologischen Veränderungen im Alkoholentzug sind erst zum Teil geklärt (▶ Kap. 9.3.3). MRT-Verlaufsuntersuchungen haben gezeigt, dass nach dem Entzug eine Reduktion der grauen Substanz im Frontalhirn feststellbar ist und, wenn diese besonders ausgeprägt ist, das Rückfallrisiko erhöht ist (Durazzo et al. 2017).

5.1.4 (Längere) Abstinenz

Hirnschädigungen können sich in der Abstinenz zurückbilden. Die Rückbildung ist abhängig von Art und Schweregrad der Schädigung sowie der Dauer der Abstinenz (Zahr und Pfefferbaum 2017). Sie ist auch oft nicht vollständig. Die kognitiven Störungen bilden sich nur bei einem Teil der betroffenen Alkoholkranken in der Abstinenz zurück, v. a. bei schweren Beeinträchtigungen und bei Frauen ist eine Rückbildung oft gering (Luquiens et al. 2019). Die Rückbildung dauert mehrere Wochen (Walvoort et al. 2013). Auch bei konsequenter Abstinenz bleiben Schlafstörungen, v. a. Einschlafstörungen und eine Verkürzung der Schlafdauer, lange bestehen (Drummond et al. 1998; Gillin et al. 1990).

5.1.5 Wirkungen auf das periphere und vegetative Nervensystem

Neben dem Diabetes mellitus ist ein chronisch erhöhter Alkoholkonsum als die häufigste Ursache für eine Polyneuropathie anzusehen (Mellion et al. 2011). Klinisch manifestiert sie sich durch strumpfförmige Missempfindungen (Kribbeln) an den Beinen und auch an den Armen. Bei der Untersuchung fallen Störungen der Tiefensensibilität (v. a. Lagesinn) und eine Abschwächung des Achillessehnenreflexes sowie in schweren Fällen ein auffälliges (breitbeiniges und unsicheres) Gangbild auf. Chronischer Alkoholkonsum führt auch zu Störungen im autonomen (= vegetativen) Nervensystem, besonders der Steuerung des Herzrhythmus (Ralevski et al. 2019) und der gastrointestinalen Motilität (Grad et al. 2016). Die Folge ist v. a. eine Refluxösophagitis. Recht häufig ist auch eine Reizblase (Hsu et al. 2015).

5.2 Wirkungen auf psychische Funktionen/ psychiatrische Komorbidität

Alkohol hat als psychotrope Substanz vielfältige Auswirkungen auf das psychische Befinden. Die Wirkungen sind dosisabhängig (▶ Tab. 5.1). Viele Alkoholkranke führen psychische Probleme, v. a. Stress, Ängste oder eine depressive Stimmung als Grund für ihren erhöhten Alkoholkonsum und/oder Rückfälle an. Zahlreiche Untersuchungen haben gezeigt, dass Alkoholabhängigkeit und psychische Störungen gehäuft gemeinsam auftreten (siehe diese Buchreihe: Walter und Gouzoulis-Mayfrank 2019). In der Literatur werden teilweise sehr hohe Prävalenzzahlen für psychische Störungen bei Alkoholabhängigen genannt (Grant et al. 2015). Dabei ist der Zeitraum, für den die Daten angegeben wurden, zu berücksichtigen. Denn die 12-Monatsprävalenz ist meist deutlich niedriger als die Lebenszeitprävalenz. Hinsichtlich der psychiatrischen Komorbidität von Alkoholkranken bestehen erhebliche Geschlechtsunterschiede.

> **Merke:**
> Die Komorbidität von Alkoholkrankheit und psychischer Störung stellen ein grundlegendes Problem in der Diagnostik und Therapie dar, denn psychische Störungen können durch den Alkoholkonsum verdeckt werden und erst gegen Ende des Entzuges deutlich hervortreten, sodass eine diagnostische Zuordnung oft schwierig ist (Wetterling und Junghanns 2000) bzw. im frühen Entzug sich zurückbilden (Driessen et al. 2001). Auch lässt sich schon bei »riskantem« Alkoholkonsum (Frauen > 20 g/Tag, Männer > 30 g/Tag) eine erhöhte Rate für psychiatrische Störungen finden (Bott et al. 2005).

Da sowohl die Symptomatik als auch die Entstehungsbedingungen psychischer Störungen bei erhöhtem Alkoholkonsum vielfältig sind,

5.2 Wirkungen auf psychische Funktionen/psychiatrische Komorbidität

gibt es keine eindeutigen pathogenetischen Zusammenhänge. Zu diskutieren sind folgende Möglichkeiten:

1. Alkohol verursacht durch seine pharmakologischen Wirkungen psychische Symptome (▶ Kap. 4).
2. Die psychischen Symptome treten im (protrahierten) Entzug auf.
3. Der Alkoholkonsum ist während der Prodromalphase einer eigenständigen psychischen Störung (z. B. bipolare affektive Störung, schizophrene Störung) bzw. während einer Angststörung erhöht (»Selbstmedikation«).
4. Komorbidität im engeren Sinn (Vorliegen zweier unabhängiger Störungen bei der gleichen Person).
5. Die psychische Störung kann eine Reaktion auf alkohol-assoziierte soziale (z. B. Partner- oder Arbeitsplatzverlust etc.) (▶ Kap. 6) oder gesundheitliche Veränderungen sein (z. B. erektile Dysfunktion etc.) (▶ Kap. 5.3).

Modellrechnungen auf der Basis von Daten zum Trinkverhalten über einen längeren Zeitraum haben ergeben, dass v. a. psychische Störungen das Trinkverhalten beeinflussen (Bell und Britton 2014). Im Folgenden werden aber dem Thema des Buches folgend v. a. die Studien betrachtet, in denen untersucht wird, ob und inwieweit eine Alkoholkrankheit sekundär zu einer psychischen Störung führt. Eine psychiatrische Komorbidität sollte bei der Auswahl der therapeutischen Strategie berücksichtigt werden, denn sie hat u. a. auch einen Einfluss auf die Therapieergebnisse (AWMF 076-001, 2016).

5.2.1 Angststörungen

Die Zusammenhänge zwischen den verschiedenen Formen einer Angststörung (Phobien, generalisierte Angststörung und Panikstörung) und der Alkoholkrankheit sind komplex. Es ist davon auszugehen, dass Personen mit einer Angststörung deutlich häufiger als andere alkoholkrank (Smith und Randall 2012) und auch besonders

rückfallgefährdet sind (Driessen et al. 2001). Frauen sind erheblich öfter als Männer betroffen.
Als mögliche Gründe für die hohe Komorbidität werden verschiedene Möglichkeiten diskutiert (▶ Kap. 5.2):

* gemeinsamer »auslösender« dritter Faktor (z. B. genetische Belastung)
* Selbstmedikation zur Verringerung der psychischen Symptomatik (Spannungs-Reduktionstheorie)
* die Angstsymptomatik wird durch den Alkoholkonsum ausgelöst

Alkoholkranke klagen oft über Angst, besonders im Entzug. Diese rechtfertigt die Diagnose einer Angststörung nicht, wenn sie nur im Rahmen des Entzugs auftritt und innerhalb von drei Wochen abklingt (Wetterling und Junghanns 2000). Für die oben genannten »Gründe« für die hohe Komorbidität gibt es jeweils eine Anzahl von Anhaltspunkten (Smith und Randall 2012). Wahrscheinlich können verschiedene Faktoren in jeweils unterschiedlichem Maße zu der hohen Komorbidität beitragen (multifaktorielle Ursache).

5.2.2 Affektive Störungen

Alkoholkranke klagen oft über eine depressive Verstimmung. Da sowohl die Symptomatik als auch die Entstehungsbedingungen affektiver Störungen und der Alkoholabhängigkeit vielfältig sind, gibt es aber keine eindeutigen pathogenetischen Zusammenhänge. Besonders im (protrahierten) Alkoholentzug kommt es oft zu Symptomen wie gedrückter Stimmung, geringem Selbstwertgefühl, Schlafstörungen, Nervosität und Reizbarkeit. Diese relativ unspezifische Symptomatik rechtfertigt die Diagnose einer Depression in der Regel nicht, da es sich meist nur um kurzzeitige Stimmungsverschlechterungen im Rahmen des Entzugs handelt, die innerhalb von drei Wochen abklingen (Wetterling und Junghanns 2000).

5.2 Wirkungen auf psychische Funktionen/psychiatrische Komorbidität

Bei Patienten mit einer affektiven Störung differieren die in verschiedenen Studien angegebenen Prävalenzzahlen (meist Lebenszeitprävalenzen) für eine Alkoholkrankheit in Abhängigkeit von der untersuchten Stichprobe stark. Nach einer Metaanalyse von 35 Studien leiden etwa 16 % aller Alkoholkranken aktuell und etwa 30 % zeit ihres Lebens unter einer Depression. Die Prävalenz für eine Depression ist gegenüber der Normalbevölkerung erhöht (aktuell 7 %, Lebenszeit 16–24 %). Eine Depression ist bei weiblichen Alkoholkranken viel häufiger als bei männlichen und meist eine sekundäre Störung, während es sich bei den Männern häufiger um primäre Störungen handelt (Sullivan et al. 2005). Patienten mit einer bipolar affektiven Störung haben eine Lebenszeitprävalenz für eine Alkoholabhängigkeit von 39 % (Sylvia et al. 2015). Bei bipolaren Störungen können drei Verlaufstypen unterschieden werden, je nachdem welche Erkrankung sich zuerst manifestierte (Janiri et al. 2017). Besonders im Prodromalstadium einer affektiven Störung kann es zu einer erheblichen Steigerung der Alkoholtrinkmenge kommen.

5.2.3 Schizophrene Störungen

In einer Übersichtsarbeit wurde der Anteil der Schizophrenen, die aktuell einen Alkoholmissbrauch betrieben oder eine Abhängigkeit hatten, mit 9,4 % (4,6–19,0 %) angegeben. Die Lebenszeitprävalenz für eine Komorbidität betrug 20,6 % (12,0–34,5 %) (Koskinen et al. 2009). In einer schwedischen Langzeituntersuchung über 17 Jahre wurden als Risikofaktoren für die Entwicklung einer Alkoholkrankheit bei Schizophrenen ermittelt: frühe Gewalttätigkeit, geringe Schulausbildung und Alkoholerkrankung der Eltern (Jones et al. 2011).

Die möglichen Gründe von Schizophrenen, übermäßig Alkohol zu trinken, sind vielfältig und noch nicht hinreichend erforscht. Es gibt einige Hinweise dafür, dass v. a. Schizophrene mit vermehrt produktiver Symptomatik (Halluzinationen, Wahn) Alkohol trinken. Ob ihre psychotische Symptomatik durch den Alkoholkonsum verringert wird (Stichwort: »Selbstmedikation«), ist umstritten.

5.2.4 Psychotische Störung bei Alkoholabhängigkeit

In der ICD-10 (WHO 1991) bzw. ICD-11 (WHO 2019) und der DSM-5 (APA 2013) wird eine psychotische Störung bei Alkoholabhängigkeit als eigenständiges Krankheitsbild beschrieben.

Nach einer Literaturübersicht (Engelhard et al. 2015) beträgt die Lebenszeitprävalenz für eine psychotische Störung bei Alkoholabhängigen etwa 4 %. Die klinische Symptomatik ist vielfältig:

- vorwiegend akustische Halluzinationen (Alkoholhalluzinose) (ICD-10 F10.52, ICD-11: 6C40.60)
- vorwiegend wahnhafte Symptomatik (ICD-10 F10.51, ICD-11: 6C40.61). Diese manifestiert sich klinisch meist als Verfolgungswahn oder auch als Eifersuchtswahn. Letzterer ist selten (Soyka 2006).

5.2.5 Persönlichkeitsstörungen

Schätzungen gehen davon aus, dass mindestens 50 % der Alkoholkranken eine Persönlichkeitsstörung aufweisen (Newton-Howes und Foulds 2018). Zu dem umfangreichen Spektrum an Persönlichkeitsstörungen bei Alkoholkranken und den daraus ergebenden therapeutischen Konsequenzen siehe diese Buchreihe (Walter et al. 2016; AWMF 076-001, 2016).

5.2.6 Posttraumatische Belastungsstörung (PTSD)

Die Zusammenhänge zwischen einer posttraumatischen Belastungsstörung (PTSD), die von Alkoholkranken oft als Grund für einen erhöhten Alkoholkonsum angegeben wird, und einer Alkoholabhängigkeit sind komplex, besonders bei Frauen. In einer großen amerikanischen Studie war die Wahrscheinlichkeit für eine PTSD als Folge einer Alkoholabhängigkeit erhöht und umgekehrt (Berenz et al.

2017). Die beiden Gruppen unterschieden sich jedoch hinsichtlich der Vorgeschichte. Die erst alkoholabhängig wurden und dann eine PTSD entwickelten, zeigten einen frühen Beginn der Abhängigkeit, häufig eine familiäre Belastung und auch Angststörungen.

5.3 Wirkungen auf Körperorgane

Alkoholabhängige weisen eine erhöhte Mortalität (Kendler et al. 2016) bzw. eine verkürzte Lebenserwartung auf (in skandinavischen Ländern um mehr als 20 Jahre, Westman et al. 2015). Zu der hohen Mortalität bei Alkoholabhängigen trägt neben der Häufung körperlicher alkohol-assoziierter Erkrankungen auch die hohe Suizidrate bei, die deutlich gegenüber der Allgemeinbevölkerung erhöht ist (siehe diese Buchreihe: Schneider und Wetterling 2015).

Eine umfassende Meta-Analyse konnte die immer wieder angeführte These einer reduzierten Mortalität bei niedrigem Alkoholkonsum nicht bestätigen (Stockwell et al. 2016). Berechnungen auf der Basis epidemiologischer Daten zeigen, dass ein erheblicher Anteil aller vorzeitigen alkoholbedingten Todesfälle schon durch riskantes Trinken verursacht wird (Rehm et al. 2014).

In epidemiologischen Studien (IHME) zeigte sich, dass in Deutschland erhöhter Alkoholkonsum zu den Hauptrisikofaktoren für Erkrankungen gehört, die langfristig die Lebensqualität einschränken und/oder frühzeitig zum Tode führen. Die Häufigkeit von körperlichen Erkrankungen hängt von einer Reihe von Faktoren ab. Hier sind v. a. zu nennen: Trinkstil (zu den Mahlzeiten, niedrig- oder hochprozentige Getränke) und Rauchen sowie die Häufigkeit von Intoxikationszuständen. Da bei vielen körperlichen Erkrankungen, die nach epidemiologischen Untersuchungen gehäuft bei Alkoholkranken auftreffen, kein eindeutig alkohol-bedingter Pathomechanismus nachgewiesen werden kann, werden diese als alkohol-assoziiert bezeichnet. Dies ist für eine Reihe von Erkrankungen nachgewiesen

(Wetterling 2019). Nach Berechnungen von WHO-Daten wird Alkohol daher zu den fünf Hauptrisikofaktoren für Erkrankungen bzw. deren Folgen weltweit gezählt (GBD Risk Factors Collaborators 2016; WHO 2018). Ältere Menschen leiden gehäuft unter einer Multimorbidität, d. h. mehreren körperlichen Erkrankungen (Sinnige et al. 2015; Wetterling und Junghanns 2017). Daher sollte, wenn bei einem Alkoholkranken eine alkohol-assoziierte Erkrankung bekannt ist, gezielt nach weiteren gesucht werden (AWMF 076-001, 2016).

Epidemiologische Studien zeigen, dass chronischer Alkoholkonsum das Risiko erhöht, eine der folgenden Erkrankungen zu entwickeln (siehe Übersicht Wetterling 2019):

- gastrointestinale Erkrankungen (Gastritis, Ösophagus-Blutungen) (Bishehsari et al. 2017; Rocco et al. 2014)
- Lebererkrankungen (Fettleber, Zirrhose, Karzinom) (Fung und Pyrsopoulos 2017; Osna et al. 2017)
- Bauchspeicheldrüsenentzündung (Pankreatitis) (Setiawan et al. 2017)
- Lungenerkrankungen, bes. Pneumonien (Metha und Guidot 2017; Rapsey et al. 2015)
- Schädigung der Muskeln, einschließlich des Herzmuskels (Myopathie) (Simon et al. 2017)
- Karzinome, v. a. des Respirationstrakts und des Gastrointestinaltrakts (Na und Lee 2017; Zhou et al. 2016)
- neurologische Erkrankungen (Polyneuropathie, Korsakoff-Syndrom) (de la Monte und Kril 2014; Zahr und Pfefferbaum 2017) (▶ Kap. 5.1)
- Störungen des endokrinen Systems (Rachdaoui und Sarkar 2017)

Weiter ist ein chronischer erhöhter Konsum von Alkohol in epidemiologischen Studien assoziiert mit einer Reihe weiterer Erkrankungen:

- Diabetes (Molina et al. 2014)
- Hypertonus (Molina et al. 2014; Roerecke et al. 2017)

- Herzerkrankungen (O'Donnell et al. 2016)
- klinisch manifesten Hirninfarkten (Schlaganfällen) (O'Donnell et al. 2016)

Nach den bisherigen Erkenntnissen werden die Nieren von einem erhöhten Alkoholkonsum kaum betroffen (Varga et al. 2017).

5.3.1 Mögliche pathogenetische Mechanismen

Ein pathogenetisch fundierter Zusammenhang zwischen einem langfristig erhöhten Konsum von Alkohol und bestimmten Erkrankungen bzw. pathologisch fassbaren Veränderungen ist trotz der vielen bekannten pharmakologischen Wirkungen von Alkohol (▶ Kap. 3) oft nur in Ansätzen geklärt (Rocco et al. 2014). Die wesentlichen durch Alkohol induzierten Pathomechanismen sind (Molina et al. 2014):

- beim Abbau von Alkohol entstehen chemisch sehr reaktionsfreudige Moleküle (reactive oxygen species (ROS)). Diese wirken, v. a. in höheren Konzentrationen, zellschädigend. Dieser Vorgang wird auch als »oxidativer Stress« bezeichnet.
- Entstehung von Acetaldehyd
- Induktion von entzündlichen Prozessen (Inflammation)
- Vermehrte Durchlässigkeit der Darmschleimhaut und auch der Blut-Hirnschranke
- Alkohol hemmt in höheren Konzentrationen die enterale Aufnahme von den Vitaminen B1, B2, B12, Niacinsäure und Folsäure, sodass es bei chronischem Alkoholkonsum zu einem Mangel dieser Vitamine und in dessen Folge auch zu entsprechenden Mangelerscheinungen kommen kann (Barve et al. 2017). Vor allem ein Folsäure-Mangel hat erhebliche Auswirkungen auf epigenetische Mechanismen (▶ Kap. 4.3). Durch eine alkohol-assoziierte einseitige bzw. Mangelernährung kommt es auch zu Defiziten an Mineralen, die für den Stoffwechsel essenziell sind (z. B. Zink etc.) (Barve et al. 2017).

- Beeinträchtigung des körpereigenen Abwehrsystems (Immunsystems) (Szabo und Saha 2015)

5.3.2 Erkrankungen des Gastrointestinaltraktes

Nach dem Trinken alkoholhaltiger Getränke kommt der Alkohol direkt nur kurzzeitig mit der Mund- und Pharynxschleimhaut und längere Zeit mit Schleimhäuten des Gastrointestinaltrakts in Kontakt. Durch chronischen Alkoholkonsum kommt es daher, v. a. durch eine direkte Reizung von Alkohol und seinen Abbauprodukten sowie dadurch induzierten inflammatorischen Prozessen häufig zu Erkrankungen des Gastrointestinaltrakts, z. B.:

- akute erosive Gastritis (Singer und Teyssen 1999)
- Mallory-Weiss-Syndrom (Teyssen und Singer 1999)
- erhöhtes Risiko für Ösophaguskarzinome und Rektumkarzinome (Zhou et al. 2017)

Zudem kommt es v. a. bei einer Leberzirrhose zu Gefäßveränderungen in der Speiseröhre (Ösophagusvarizen) mit erheblicher Blutungsgefahr. Klinische Zeichen für die Erkrankungen des Gastrointestinaltraktes sind v. a. gastrointestinale Blutungen (Blut im Stuhl) oder auch Bluterbrechen. Für die alkohol-induzierten Erkrankungen des Gastrointestinaltrakts gibt es keine spezifische Therapie. Eine Alkoholabstinenz ist daher angezeigt.

Chronischer Alkoholkonsum verändert auch die Zusammensetzung des Mikrobioms (Darmflora) und der Permeabilität der Darmschleimhaut (Barve et al. 2017; Bishehsari et al. 2017), sodass vermehrt toxische Stoffe und Darmbakterien in den Körper gelangen können (Leclercq et al. 2019). Aktuell werden mögliche Zusammenhänge des Mikrobioms und Hirnveränderungen und Verhaltensauffälligkeiten intensiv untersucht.

5.3.3 Lebererkrankungen

Da Alkohol vorwiegend in der Leber abgebaut wird, kommt es bei Alkoholkranken sehr häufig zu Schädigungen der Leber. Es lassen sich verschiedene Schweregrade der alkoholinduzierten Leberschädigung unterscheiden (Fung und Pyrsopoulos 2017; Osna et al. 2017):

- Fettleber (noch reversibel)
- alkoholtoxische Hepatitis
- Leberzirrhose (mit Funktionseinschränkung)
- Leberzellkarzinom

Die zugrunde liegenden pathophysiologischen Prozesse sind noch nicht vollständig geklärt (Stickel et al. 2017). Eine wesentliche Rolle für die Ausbildung der Lebererkrankungen kommt dem Abbauprodukt von Alkohol Acetaldehyd und der Bildung von freien Radikalen (ROS) zu (Kourkoumpetis und Sood 2019). Es kommt als Reaktion auf die Schädigungen zu inflammatorischen Immunprozessen (Dunn und Shah 2016). Auf zellulärer Ebene führen vielfältige alkoholinduzierte (vorwiegend apoptotische) Vorgänge zum Zelluntergang der Hepatozyten (Wang et al. 2016).

Da die Leber das Hauptstoffwechselorgan im Körper ist, können Störungen der Leberfunktion, besonders bei Leberzirrhose, zu Störungen von weiteren wichtigen Körperfunktionen führen. Durch eine Reduktion der Synthesefunktion (u. a. Gerinnungsfaktoren, Albumin) kann es in der Folge zu einer Abwehrschwäche und höheren Anfälligkeit für Infekte kommen. Der Anteil der Leberschädigungen bei chronischen Alkoholkranken steigt mit der Trinkdauer und auch mit der Trinkmenge (Wetterling et al. 1999b). Eine Leberzirrhose ist die häufigste Todesursache bei Alkoholabhängigen (DKFZ 2017, S. 59).

Die klinischen Zeichen einer alkoholinduzierten Leberschädigung sind vielgestaltig und v. a. im Anfangsstadium unspezifisch: Leistungsminderung, Konzentrationsschwäche und Müdigkeit. Dann kommt es zu Hautveränderungen: v. a. gelbliche Haut (Ikterus) und Spider naevi. In späteren Stadien (Leberzirrhose) kommt es v. a.

wegen Albuminmangels zu einem Aszites (Flüssigkeitsansammlung im Bauchraum), wegen des Mangels an Thrombozyten zur Milzvergrößerung und zur Ausbildung eines Umgehungskreislaufs und portaler Hypertension mit Bildung von Ösophagusvarizen (Krampfadern in der Speiseröhre). Diese führen oft zu gastrointestinalen Blutungen (▶ Kap. 5.2.2).

Alkoholtoxische Leberschädigungen führen langfristig auch zu kognitiven Störungen. Die Zusammenhänge sind aber sehr komplex (Junghanns et al. 2004; Ritz et al. 2016). Wenn es zu einem (weitgehenden) Ausfall der Entgiftungsfunktion (z. B. bei einer schweren Leberzirrhose) gekommen ist, können schwere kognitive Störungen auftreten (hepatische Enzephalopathie). Diese können sich langsam entwickeln. Es sind drei Verlaufsformen möglich: episodisch, rezidivierend und persistierend (EASL/AASLD 2014).

Eine adäquate Therapie der Lebererkrankungen ist nicht bekannt (Osna et al. 2017). Wesentlich ist v. a. eine Änderung des Lebensstils (Alkohol-/Tabakkarenz und adäquate Ernährung (Streba et al. 2014)). Die Gabe von Corticosteroiden kann bei einer schweren Alkoholhepatitis erwogen werden (Shasthry und Sarin 2016).

5.3.4 Pankreaserkrankungen

Hoher, vor allem chronischer Alkoholkonsum ist die häufigste Ursache für eine akute und chronische Pankreatitis (Setiawan et al. 2017; Magnusdottir et al. 2019) und erhöht das Risiko für Pankreaskrebs (Bagnardi et al. 2015). Rauchen verstärkt die schädigende Wirkung von Alkohol.

Eine akute Pankreatitis zeigt sich klinisch durch heftige Schmerzen im Oberbauch, Übelkeit, Erbrechen, Verstopfung und Fieber. Die klinischen Manifestationen einer chronischen Pankreatitis sind: wiederholter Oberbauchschmerz, Übelkeit, Erbrechen, Fehlverdauung, Fettstuhl und Gewichtsabnahme. Eine akute Pankreatitis kann symptomatisch durch Gabe von Schmerzmitteln und intravenöse Flüssigkeitsgabe behandelt werden.

Sekundär kann es bei einer chronischen Pankreatitis durch einen weitgehenden Funktionsausfall des Pankreas zu einem insulinpflichtigen Diabetes mellitus und dadurch zu weiteren Komplikationen, vor allem bei weiteren Alkoholabusus (Blutzuckerentgleisung), kommen. Die Wirkung von Alkohol auf die exokrinen Funktionen des Pankreas (auf die ß-Zellen), die Insulin produzieren, ist dosisabhängig und komplex und noch nicht in allen Einzelheiten geklärt. Chronisch hoher Alkoholkonsum führt zu Störungen der Blutzuckerregulation (Rachdaoui und Sarkar 2017). Epidemiologische Studien zeigen, dass hoher Alkoholkonsum ein Risikofaktor für einen Diabetes mellitus Typ 2 ist (Molina et al. 2014). Alkoholkonsum verstärkt die körperlichen Komplikationen eines vorbestehenden Diabetes mellitus (Munukutla et al. 2016).

5.3.5 Herz-/Kreislauferkrankungen

Der Zusammenhang zwischen Alkoholkonsum und Herz-/Kreislauferkrankungen ist sehr komplex. Wesentlicher Einflussfaktor ist die konsumierte tägliche Alkoholmenge. Bis etwa 15–20 g/Tag ist das Risiko von kardiovaskulären Erkrankungen erniedrigt, während es bei höheren Trinkmengen ansteigt (Piano 2017). Eine Metaanalyse ergab, dass hoher Alkoholkonsum das Risiko einer Herzerkrankung etwa dreifach erhöht (O'Donnell et al. 2016). Neue Therapieansätze zur Behandlung der komplexen Schädigungen, die alkohol-induzierten Herzerkrankungen zugrunde liegen, befinden sich erst im Entwicklungsstadium, sodass eine Reduktion der Trinkmenge die einzig adäquate Therapie ist (Fernández-Solà und Porta 2016).

Erhöhter Alkoholkonsum fördert die Entstehung eines Hypertonus (Molina et al. 2014; Roerecke et al. 2017). Wahrscheinlich treten infolgedessen bei Alkoholkranken klinisch manifeste Hirninfarkte (Schlaganfälle) (etwa zweimal häufiger) (O'Donnell et al. 2016) und intrazerebrale Blutungen (über dreimal häufiger) auf (Ariesen et al. 2003).

5.3.6 Lungenerkrankungen

Alkohol beeinflusst die Abwehrfunktion der oberen und unteren Atemwege und begünstigt so Infektionen der Lunge. Zudem wird die alveolare Membranfunktion beeinträchtigt (Metha und Guidot 2017). In der Folge kommt es gehäuft zu Infektionen der Lunge, insbesondere tritt eine Tuberkulose gehäuft auf (Imtiaz et al. 2017). Auch unter Berücksichtigung des Rauchens ist ein chronischer Alkoholkonsum ein Risikofaktor für die Entwicklung eines Asthmas (Alonso et al. 2014) und eine chronisch obstruktive Lungenerkrankung (COPD) (Rapsey et al. 2015). Eine spezifische Therapie für alkohol-assoziierte Lungenerkrankungen ist nicht bekannt.

5.3.7 Schädigung der Muskeln

Nicht selten tritt bei längerem erhöhtem Alkoholkonsum eine Schädigung der Muskulatur (Myopathie) auf. Hierdurch kommt es oft zur Muskelschwäche (Simon et al. 2017). Auch der Herzmuskel ist häufig betroffen (Kardiomyopathie) (Piano 2017). Die zugrunde liegenden Pathomechanismen sind komplex und von einer Reihe von Faktoren abhängig. Eine dilatative Kardiomyopathie ist eine häufige Todesursache bei Alkoholkranken. Eine Alkoholkarenz oder ein moderater Alkoholkonsum führen bei einer alkohol-assoziierten Kardiomyopathie zu einer messbaren Verbesserung der Herzleistung (Nicolas et al. 2002).

5.3.8 Störungen des körpereigenen Abwehrsystems (Immunsystems)

Erhöhter chronischer Alkoholkonsum beeinträchtigt das körpereigene Abwehrsystem (Immunsystem) (Szabo und Saha 2015). Dies zeigt sich v. a. in einer erhöhten Erkrankungshäufigkeit von Lungenerkrankungen wie Tuberkulose (Imtiaz et al. 2017) und Pneumonien oder viralen Infektionen. Die zugrunde liegenden Pathomechanismen sind noch nicht hinreichend geklärt (Barr et al. 2016).

5.3.9 Störungen des endokrinen Systems

Alkoholkonsum beeinflusst alle wesentlichen endokrinen Funktionen, sowohl die hypothalamisch-hypophysär-adrenale (HPA-)Achse, die hypothalamisch-hypophysär-gonadale (HGA-)Achse, die hypothalamisch-hypophysären-thyroidale (HPA-)Achse, den Hypophysen-Hinterlappen sowie die Ausschüttung der Wachstumshormone und auch die endokrinen Funktionen des Pankreas sowie des Fettgewebes (Rachdaoui und Sarkar 2017). Es kommt in der Folge zu einer Reihe von Störungen. Diese sind klinisch erkennbar an einer verminderten Stresstoleranz, Störung der Reproduktion und des Immunsystems. Die verminderte Stresstoleranz aufgrund einer Störung der HPA-Achse wird als ein Faktor in Rückfallgeschehen angesehen (Adinoff et al. 2005).

Hoher Alkoholkonsum ist neben Zigarettenrauchen der häufigste bekannte Grund für eine Impotenz bei Männern. Wesentlich hierfür sind wahrscheinlich Hormonstörungen, u. a. verminderte Testosteronproduktion (Rachdaoui und Sarkar 2017). Spezifische Therapien für die alkohol-assoziierten endokrinologischen Störungen sind nicht bekannt, sodass eine Alkoholkarenz die Therapie der Wahl ist.

5.3.10 Erhöhtes Krebsrisiko

Erhöhter Alkoholkonsum führt zu einem erhöhten Krebsrisiko, besonders für Mundhöhlen-, Speiseröhren-, Magen-, Leber-, Bauchspeicheldrüsen sowie Dickdarmkrebs (DKFZ 2017, S. 24–25). Bei Pathogenese spielen eine Reihe von molekularen Mechanismen eine Rolle, in die Alkohol involviert ist (Na und Lee 2017). Neben dem Alkohol-Abbauprodukt Acetaldehyd und alkohol-induzierten oxidativen Stress (ROS) sind epigenetische Pathomechanismen wie v. a.

eine DNA-Methylierung für die cancerogene Wirkung des Alkohols verantwortlich (Varela-Rey et al. 2013). Bei vielen Krebserkrankungen lässt sich eine Abhängigkeit von der Trinkmenge nachweisen (Zhou et al. 2016). Das Krebsrisiko ist bei Alkoholkranken, die rauchen, nochmals erhöht (DKFZ 2017; S. 25).

5.3.11 Erhöhtes Missbildungsrisiko bei Neugeborenen (fetales Alkoholsyndrom)

Alkohol kann die Plazenta leicht durchdringen und so den Fetus schädigen. Wenn Frauen während einer Schwangerschaft einen überhöhten Alkoholkonsum betreiben, kommt es häufig (etwa 25 %) zu einem fetalen Alkoholsyndrom (FASD) (DKFZ 2017, S. 26–27). Die häufigsten Symptome sind (siehe diese Buchreihe: Landgraf und Hoff 2018):

- Minderwuchs
- Fehlbildungen, insbesondere des Gesichts
- postnatale Entwicklungsstörung mit insbesondere kognitiven und Verhaltensstörungen (geistige Retardierung)

Geringere Störungen werden als fetale Alkoholeffekte bezeichnet (FAS). Für die Entstehung des FAS wird eine Dosis-Wirkungs-Beziehung angenommen. Die Kinder haben gehäuft psychische Störungen, insbesondere eine Aufmerksamkeitsdefizit-Hyperaktivitätsstörung (ADHS). Die Fehlbildungen und die geistige Retardierung sind irreversibel und erfordern oft lebenslange Hilfen.

Zusammenfassung:
Adäquate Behandlungsansätze sind für fast alle durch chronisch erhöhten Alkoholkonsum-induzierten Organschädigungen nicht bekannt. Daher ist bei Auftreten von Organschädigungen durch Alkohol die Erreichung einer Abstinenz das vorrangige Therapie-

ziel (▶ Kap. 9.2.8), denn bei längerem erhöhten Alkoholkonsum besteht ein hohes Risiko für eine Multimorbidität (Wetterling et al. 1999b; Wetterling 2019).

Die komorbiden psychiatrischen Störungen sollten in die Behandlung der Alkoholerkrankung integriert werden, wenn möglich in dem gleichen Behandlungssetting (AWMF 076-001, 2016).

6

Psychosoziale Faktoren

6.1 Stigmatisierung

Alkoholabhängige und auch Personen mit einem erhöhten Alkoholkonsum und/oder häufigen Rauschzuständen werden in der Gesellschaft als Alkoholiker stigmatisiert. Mit dem Begriff Stigma (griechisch στίγμα »Stich«, »Brandmal«) wird eine unerwünschte Andersheit gegenüber der »Normalität« bezeichnet. Unter Stigmatisierung wird eine Zuordnung von Personen zu einer bestimmten Gruppe verstanden, die sich durch ein oder mehrere Merkmale oder Eigenschaften auszeichnet, die in der Gesellschaft negativ bewertet werden.

Nach Feldstudien in Deutschland werden Alkoholabhängige deutlich stärker als andere psychisch Kranke (Schizophrene oder Depressive) abgelehnt. Die negative Einstellung gegenüber Alkoholkranken hat sich in den letzten 20 Jahren nur wenig geändert (Angermeyer et al. 2013). Die Befragten gaben an, dass sie sich durch Alkoholkranke verunsichert und in ihrer Gegenwart unwohl fühlen, sie als störend und ärgerlich empfinden. Die Befragten würden einen Alkoholkranken nicht gern (in absteigender Häufigkeit) (Angermeyer et al. 2013)

- auf seine Kinder aufpassen lassen
- in seine Familie einheiraten lassen
- für einen Arbeitsplatz empfehlen
- eine Wohnung vermieten
- einem Freund vorstellen
- mit ihm zusammenarbeiten und
- als Nachbar haben.

Diese Untersuchungsergebnisse zeigen deutlich, dass Alkoholkranke in der eigenen Umgebung unerwünscht sind. Medizinisches Personal und Medizin-Studenten haben negativere Einstellungen gegenüber Menschen, die an einer Alkoholabhängigkeit leiden, als Selbstbetroffene (Schuster et al. 2017).

Die Stigmatisierung von Alkoholkranken kann als Versuch der Gesellschaft verstanden werden, die durch erhöhten Alkoholkonsum entstehenden sozialen Probleme durch Ausgrenzung und Abwertung zu bewältigen. Sie beinhaltet aber auch einen Schuldvorwurf bzw. wird als vermeintlich verdiente Strafe abweichendes Verhalten gesehen (Schomerus und Rumpf 2017). Die Betroffenen reagieren häufig u. a. mit:

- dem Versuch einer Verheimlichung ihres Trinkens (z. B. Schnaps aus Wasserflaschen etc.),
- der Verleugnung oder Bagatellisierung ihres erhöhten Konsums (z. B. »trinke nicht mehr als andere«) und
- sozialem Rückzug aus Furcht in der Öffentlichkeit aufzufallen.

Weiter kann es zu einer Selbststigmatisierung mit Abwertung der eigenen Fähigkeiten kommen (Schomerus et al. 2011). Dadurch sinkt die Erwartung, selbst etwas verändern zu können. Meist ist eine Selbststigmatisierung verbunden mit einer fehlenden sozialen Integration (Stolzenburg et al. 2017). Es kommt dadurch zu verstärkten sozialen Rückzugstendenzen bzw. zu vermehrtem Aufenthalt unter anderen Alkoholkranken (»Milieu«). In der Quintessenz wird für den Betroffenen also durch die Stigmatisierung eine auch von der Allgemeinheit gewünschte Änderung ihres Verhaltens erschwert.

6.2 Belastung der Angehörigen etc.

Schätzungen gehen von über fünf Millionen Menschen in Deutschland aus, die von der Alkoholkrankheit eines Angehörigen betroffen sind (Flassbeck 2010). Sie und auch das weitere Umfeld leiden sehr häufig ebenfalls unter der Alkoholkrankheit (Bischof et al. 2018; Hofheinz und Soellner 2018; Schückher et al. 2018). Anlässe hierfür können sein:

- Vernachlässigung von notwendigen Tätigkeiten (Schwänzen, Unpünktlichkeit etc.)
- Emotionale Instabilität (Wutausdrücke, verbal verletzendes Verhalten)
- Aggressivität und Gewalttätigkeit (bis hin zur schweren Körperverletzung)
- sexuelle Übergriffigkeit (bis hin zur Vergewaltigung)
- Notfallsituationen (z. B. bei Intoxikationen, Stürzen/Unfällen, Krampfanfällen etc.)

In der Folge kommt es oft zu Partnerschafts- und familiären Konflikten bis hin zur Scheidung.
    Durch die Vernachlässigung der beruflichen Tätigkeit (▸ Kap. 6.3) kann es zu (drohender) Arbeitslosigkeit und finanziellen Problemen kommen. Auch die Angehörigen haben nicht selten berufliche Probleme durch die Belastungen, die durch Pflege- und Unterstüt-

zungsleistungen für das alkoholabhängige Familienmitglied bedingt sind (Salize et al. 2014).

Oft wissen sich die Partnerinnen von Alkoholabhängigen nicht zu schützen und erleiden häufiger als die Allgemeinbevölkerung Erkrankungen, die einen Krankenhausaufenthalt erforderlich machen. Auch zeigen sie häufiger depressive Verstimmungen (Bischof et al. 2018). Langfristig entwickeln sie nicht selten, weil sie sonst den alkoholkranken Partner nicht »ertragen«, selbst eine Alkoholabhängigkeit (»Ersaufen ihren Kummer«). Zu der Entwicklung einer sogenannten Co-Abhängigkeit tragen aber insgesamt viele Faktoren bei (Flassbeck 2010).

6.3 Arbeitsausfall und Frühberentung

Nach den Daten von einer großen deutschen Krankenkasse (DAK 2019) beträgt der Anteil von Krankschreibungen wegen einer Alkoholerkrankung (= ICD-10 Diagnose F10.x) nur etwa 0,47 % aller AU-Tage (= Tage mit Arbeitsunfähigkeit). Betroffen sind v. a. (junge) Männer und Alkoholabhängige. Die Anzahl der Fehltage steigt mit dem Alter deutlich an. Nach diesen Zahlen ist davon auszugehen, dass Alkoholkranke nur selten wegen ihrer Alkoholkrankheit arbeitsunfähig geschrieben werden. Es fallen erhebliche Unterschiede in den verschiedenen Berufsgruppen auf. Aber der Anteil an allen Tagen mit Arbeitsunfähigkeit liegt in allen Branchen unter 1 %, also deutlich unter der Prävalenzrate für Alkoholerkrankungen in der Bevölkerung (► Kap. 3.1).

Diese Daten führen zu der Frage, ob und inwieweit andere Symptome/Erkrankungen (z. B. Depression) bei dem Arztbesuch wegen der Stigmatisierung der Alkoholerkrankung angegeben werden. Bei genauerer Betrachtung der DAK-Zahlen fällt auf, dass die Personen mit einer Suchtdiagnose (ICD-10 F10-19) insgesamt häufiger und auch länger arbeitsunfähig als Personen ohne eine Suchterkrankung waren. Es wurde daher versucht zu ermitteln, ob und inwieweit es sich hierbei um Folgeerkrankungen der Sucht handelt oder »nur« darum, dass andere Symptome vorrangig an den Bescheinigungen der Arbeitsunfähigkeit angegeben wurden. Der Vergleich derjenigen, bei denen in dem letzten Jahr keine Sucht-bezogene Diagnose (ICD-10 F10-19) gestellt worden war, zu denen mit einer solchen Diagnose, zeigte, dass die Anzahl der Arbeitsunfähigkeitsfälle und der Tage mit Arbeitsunfähigkeit sowie der Krankenstand bei den Versicherten mit einer F10-19-Diagnose deutlich erhöht war. Die genaue Analyse ergab, dass in dieser Gruppe psychiatrische Störungen für etwa 2,5-mal mehr Tage mit Arbeitsunfähigkeit verantwortlich waren. Auch andere Erkrankungen wie die des Kreislaufsystems (etwa 2,9-fach), des Muskel-Skelett-Systems (etwa 1,9-fach), des Atmungssystems (etwa 1,5-fach) und Verletzungen (etwa 1,5-fach) führten in der Gruppe mit einer Suchtdiagnose häufiger zutagen mit Arbeitsunfähigkeit. Diese Daten der DAK-Gesundheit 2017 zeigen, dass Alkoholkranke sowohl vermehrt unter psychiatrischen als auch somatischen Erkrankungen leiden.

In diesem Zusammenhang sind auch die vorzeitigen Berentungen zu betrachten, da sie erhebliche soziale Folgekosten verursachen. 2016 lag der Anteil der Alkoholkranken (ICD-10 F10.x) an den neu bewilligten Renten wegen verminderter Erwerbsfähigkeit nach SGB VI bei den Männern bei 5 % und bei Frauen bei 2 % (DRV Bund), d. h. er entspricht in etwa der Prävalenz der Alkoholabhängigkeit in Deutschland (▶ Kap. 3.1). Eine andere Studie ergab aber, dass Personen mit einer Alkoholkrankheit in Schweden gehäuft frühzeitig berentet werden (Kendler et al. 2017b).

6.4 Erhöhtes Unfallrisiko

Alkoholkonsum führt infolge der erhöhten Risikobereitschaft, verminderten Kritik- und Urteilsfähigkeit sowie der verringerten Reaktionsfähigkeit zu einem erhöhten Unfallrisiko. Nach der Unfallstatistik ereigneten sich 2015 in Deutschland etwa 34.500 Verkehrsunfälle, bei denen mindestens ein Beteiligter alkoholisiert war. Bei 13.000 dieser Alkoholunfälle wurden etwa 16.000 Personen verletzt und 256 getötet. Mehr als die Hälfte der Alkoholunfälle mit Personenschaden wurden dadurch verursacht, dass der Fahrer die Kontrolle über das Fahrzeug verloren hat. Über 70 % der Fahrer hatten eine BAK von mehr als 1,1 ‰. Ab diesem Wert wird von Juristen eine absolute Fahruntüchtigkeit angenommen (§ 316 StGB). Die alkoholbedingten Unfälle zeigen ein deutliches Verteilungsmuster (vermehrt an Wochenenden und in den späten Abend- und Nachtstunden) (DKFZ 2017).

Zur Prävention von Unfällen sollte bei alkoholabhängigen Patienten eine individuelle und realitätsgerechte Aufklärung durch den behandelnden Arzt erfolgen. Schwierigkeiten mit der ärztlichen Schweigepflicht ergeben sich bei Aufklärung der Angehörigen, die potenziell als Mitfahrer auch gefährdet sein können, wenn der Patient nicht will, dass seine Erkrankung bekannt wird. In diesem Fall steht der behandelnde Arzt vor einer schwierigen Risikoabwägung (Fremdgefährdung vs. Schweigepflicht).

Rauschtrinken in Deutschland

In Deutschland ist Rauschtrinken (»binge drinking«) auch bei Personen, die noch nicht alkoholabhängig sind, sehr verbreitet. Etwa ein Viertel der Deutschen (Männer > Frauen) trinkt mindestens einmal im Monat bis zum Rausch (DKFZ 2017, S. 67). Rauschtrinken führt nicht selten zu körperlichen Schäden, insbesondere wegen des deutlich erhöhten Unfallrisikos, aber auch durch Gewalttätigkeit (Seid et al. 2015). Nach der polizeilichen Kriminalstatistik werden in Deutschland insbesondere Gewaltstraftaten oft unter Alkoholeinfluss begangen (DKFZ 2017, S. 64–65). Zur Verhinderung von unfallbedingten alkoholbedingten Folgeschäden hat der Gesetzgeber in Deutschland Regelungen eingeführt: v. a. die sogenannte Promillegrenze zum Führen von Kraftfahrzeugen (▶ Kap. 6.7.3).

6.5 Erhöhte Mortalität und Suizidalität

In einer skandinavischen Studie hatten Personen, die wegen einer Alkoholerkrankung schon einmal behandelt worden sind, eine um 24–28 Jahre verkürzte Lebenserwartung (Westman et al. 2015). Gegenüber der Allgemeinbevölkerung wiesen sie vermehrt Infektions-, kardiovaskuläre und Krebs-Erkrankungen sowie einen Diabetes mellitus auf (Nordentoft et al. 2013). Nach dem Alkoholatlas Deutschland (DKFZ 2017, S. 58) beträgt die Anzahl der ausschließlich durch Alkoholkonsum bedingten Todesfälle 2,3 % aller Todesfälle. Die vorliegenden Zahlen ermöglichen Abschätzungen, die zeigen, dass bei einer Prävalenz der Alkoholabhängigkeit in Deutschland in der Größenordnung von 4 % an der Bevölkerung zwischen 18 und 64 Jahren (▶ Kap. 2.1) der Anteil von ausschließlich durch Alkoholkonsum bedingten Todesfällen bei Alkoholabhängigen > 50 % beträgt. Wenn man in die Abschätzungen zusätzlich die Personen einbezieht, die einen Alkoholmissbrauch betreiben, so beträgt der Anteil von alkoholbedingten Todesfällen in beiden Gruppen zusammen immer noch fast 30 % (DKFZ 2017, S. 59).

Zu der hohen vorzeitigen Mortalität trägt auch die hohe Suizidrate von Alkoholkranken bei (siehe diese Buchreihe: Schneider und Wetterling 2015; Westman et al. 2015) sowie eine hohe Unfallrate unter Alkoholeinfluss bei. Alkoholkonsum erhöht die Suizidalität (Wetterling und Schneider 2013). Die Suizidalität kann durch eine Reihe von durch erhöhten Alkoholkonsum bedingten Faktoren getriggert werden (Hufford 2001):

- Verstärkung der Selbstwertproblematik (»Versagen«) und auch depressiven Verstimmung
- Enthemmung (Erhöhung der Aggressivität bzw. Destruktivität)
- Aggressionsumkehr (Aggression richtet sich gegen die eigene Person)
- Beeinträchtigung der kognitiven Fähigkeiten und infolge davon Verhinderung der Entwicklung alternativer Bewältigungsstrategien (im Sinne einer gedanklichen Einengung)

♦ Förderung des Übergangs von Suizidgedanken in Suizidhandlungen.

Suizidversuche unter Alkoholeinfluss erfolgen meist impulsiv, d. h. ohne längere Vorüberlegungen. Sehr häufig treten unter Alkoholeinfluss auch Suizidandrohungen auf (Wetterling und Schneider 2013).

6.6 Aggressives Verhalten und Straffälligkeit

Bei höheren BAK kommt es sehr häufig zu einer erhöhten Reizbarkeit und verminderter Kritikfähigkeit sowie einer Enthemmung mit verminderter Impulskontrolle (►Tab. 5.1). Oft ist eine Selbstüberschätzung die Folge, die zu einem rechthaberischen oder auch provozierenden Verhalten führt. Schon bei geringfügigen Anlässen kann es dann zu Streit bzw. Konflikten kommen, die wegen der verminderten Impulskontrolle oft mit aggressivem und gewalttätigem Verhalten einhergehen (»Wirtshausschlägerei«). Alkoholkranke werden in der Bevölkerung oft als besonders gewalttätig angesehen, da sie häufig über eine verminderte Impulskontrolle verfügen und daher durch aggressives Verhalten auffallen. Sie werden daher als Furcht auslösend betrachtet und eher gemieden (Schomerus et al. 2017).

Im häuslichen Bereich kommt es bei höheren BAK häufig zu verbal aggressivem und gewalttätigem Verhalten gegen den Partner und auch gegen die Kinder. In vielen Fällen werden diese Fälle aus Scham etc. nicht bei der Polizei angezeigt, sodass von einer hohen Dunkelziffer hinter den Zahlen der Kriminalstatistik auszugehen ist.

In der Kriminalstatistik fällt vor allem die hohe Zahl an Straftaten auf, die unter dem Einfluss von Alkohol begangen wurden (etwa 10 %). Deutlich höher ist der Anteil der Taten unter Alkoholeinfluss bei Gewaltdelikten wie Körperverletzung etc. (DKFZ 2017, S. 64). Wenn aggressives und gewalttätiges Verhalten unter Alkoholeinfluss zur Anzeige kommt oder wegen der Schwere der Tat strafrechtlich von der Polizei/Staatsanwaltschaft verfolgt wird, wird oft, insbesondere bei mehrfachen Taten, ein psychiatrisches Gutachten vom Gericht angefordert (siehe diese Buchreihe: Passow und Schläfke 2017). Darin gilt es v. a. um die Frage, ob ein Täter bei der Begehung einer Straftat aufgrund einer Alkoholintoxikation unfähig oder vermindert fähig war, das Unrecht der Tat einzusehen. In entsprechenden Fällen kann eine Unterbringung in einem psychiatrischen Krankenhaus zur Entwöhnungstherapie vom Gericht veranlasst werden, wenn die entsprechenden rechtlichen Voraussetzungen gemäß § 64 StGB vorliegen: Hat jemand eine rechtswidrige Tat im Zustand der Schuldunfähigkeit (§ 20 StGB) oder der verminderten Schuldfähigkeit (§ 21 StGB) begangen, so ordnet das Gericht die Unterbringung in einem psychiatrischen Krankenhaus an, wenn die Gesamtwürdigung des Täters und seiner Tat ergibt, dass von ihm infolge seines Zustandes erhebliche rechtswidrige Taten zu erwarten sind und er deshalb für die Allgemeinheit gefährlich ist. Oft wird bei Straftaten, die unter Alkoholeinfluss begangen wurden, von dem Beschuldigten eine Amnesie vorgegeben. Die forensische Einschätzung ist in diesen Fällen erschwert (Kopelman 1987).

6.7 Zivilrechtliche Aspekte

Neben den oben genannten Strafdelikten kann es durch hohen Alkoholkonsum zu weiteren rechtlichen Folgen kommen, wenn die geistigen Fähigkeiten akut oder chronisch stark gestört sind:

6.7.1 Geschäfts- und Einwilligungsfähigkeit

In Deutschland ist jeder Erwachsene geschäfts- und einwilligungsfähig. Gesetze bzw. höchstrichterliche Gerichtsurteile regeln nur die Ausnahmen (Wetterling 2018, 2020). Bei akut Alkoholintoxikierten

(▶ Kap. 9.3.2) und bei Alkoholabhängigen mit schweren kognitiven Störungen (▶ Kap. 5.1) stellt sich die Frage der Geschäfts- und der Einwilligungsfähigkeit. Dabei sind die juristischen Anforderungen an eine Einwilligungsfähigkeit (Wetterling 2018) geringer als die an die Geschäftsfähigkeit (Wetterling 2020).
Das vom Gesetz vorgegebene Procedere für eine Aufklärung (§ 630e BGB) und anschließende Einwilligung (§ 630d BGB) ist bei alkoholintoxikierten Patienten, zumal unter den Bedingungen einer Notfallaufnahme, schwer durchführbar (Wetterling und Junghanns 2019). Hier ist auf zwei Punkte zu verweisen:

1. die Aufklärung kann mündlich erfolgen (§ 630e Abs. 2 S. 1 BGB). In Streitfällen ist eine gute Dokumentation hilfreich.
2. eine Einschränkung im Gesetz § 630e Abs. 3 BGB.
Der Aufklärung des Patienten bedarf es nicht, soweit diese ausnahmsweise aufgrund besonderer Umstände entbehrlich ist, insbesondere wenn die Maßnahme unaufschiebbar ist oder der Patient auf die Aufklärung ausdrücklich verzichtet hat.

Diese Regelung sollte nicht zu großzügig gehandhabt werden. Auch ist eine gute Dokumentation mit einer Begründung, warum die Aufklärung nicht stattgefunden hat, erforderlich.

Prüfung der Einwilligungsfähigkeit

Die Frage nach der Einwilligungsfähigkeit stellt sich im Prinzip bei jeder ärztlichen Maßnahme und auch wenn Patienten mit einer Alkoholintoxikation sich in der Notfallaufnahme vorgestellt haben bzw. dorthin gebracht worden sind und diese wieder verlassen wollen. Nach der Rechtsprechung ist einwilligungsfähig, wer Art, Bedeutung und Tragweite (Risiken) der ärztlichen Maßnahme erfassen kann (BGH, 16.11.1971- VI ZR 76/70), d. h. für die Beurteilung, ob ein Patient für eine geplante medizinische Maßnahme aufgrund seiner Einsichts- und Steuerungsfähigkeit Bedeutung, Tragweite und Risiken erfassen und seinen Willen hiernach bestimmen kann, ist die Komplexität des

Eingriffs von Bedeutung. Für die Beurteilung der Einwilligungsfähigkeit sind folgende Voraussetzungen zu überprüfen (MacCAT; Appelbaum und Grisso 1995):

- der Patient muss über die Fähigkeit verfügen, die Informationen über den geplanten medizinischen Eingriff hinsichtlich ihrer Komplexität zu verstehen (Informationsverständnis).
- der Patient muss die Fähigkeit besitzen, Informationen, insbesondere die bezüglich der Folgen und Risiken des Eingriffs, in angemessener Weise zu verarbeiten (Informationsverarbeitung).
- der Patient muss die Fähigkeit besitzen, die Informationen, auch im Hinblick auf Behandlungsalternativen, angemessen zu bewerten (Bewertung/Urteilsvermögen).
- der Patient muss die Fähigkeit haben, den eigenen Willen auf der Grundlage von Verständnis, Verarbeitung und Bewertung der Situation zu bestimmen (Willensbestimmung).

Häufig wird bei Notfällen (z. B. Unfallverletzungen, Bluterbrechen etc.) bei stark intoxikierten oder deutlich kognitiv eingeschränkten Patienten von einer mutmaßlichen Einwilligung ausgegangen. Dies ist aus juristischer Sicht nur zulässig, wenn für die Einrichtung einer Eilbetreuung keine Zeit mehr bleibt bzw. Verzögerungen zu einer erhöhten Gesundheitsgefährdung des Patienten führen.

6.7.2 Unterbringung in einer psychiatrischen Klinik und Betreuung

Alkoholkranke können zwangsweise auf einer geschlossenen psychiatrischen Station untergebracht werden, wenn eine dringende Behandlungsindikation wegen einer akuten Eigen- und/oder Fremdgefährdung besteht und wenn sie nicht krankheitseinsichtig und/oder nicht behandlungswillig sind (Wetterling 2018). Die entsprechenden Unterbringungsgesetze weisen in den einzelnen Bundesländern erhebliche Unterschiede auf.

6.7 Zivilrechtliche Aspekte

Eine Schwierigkeit bei chronisch Alkoholkranken besteht darin, nachzuweisen, dass eine akute Gefährdung vorliegt. Falls diese nämlich nicht gegeben ist, ist nicht das Unterbringungsgesetz für psychisch Kranke anzuwenden, sondern es ist eine Betreuung mit dem Aufgabenkreis Aufenthaltsbestimmung nach dem Betreuungsgesetz beim Vormundschaftsgericht (Amtsgericht) anzuregen. Nach der Einrichtung einer entsprechenden Betreuung kann der Betreuer nach § 1906 BGB eine Unterbringung auf einer geschlossenen Station anordnen, wenn Gefahr für die Gesundheit und das Leben des Betreuten besteht oder falls eine Heilbehandlung oder ein ärztlicher Eingriff notwendig ist, dessen Notwendigkeit der Betreute aufgrund der Erkrankung nicht einzusehen vermag.

Betreuungsgesetz

Wenn Personen mit einer schweren Alkoholabhängigkeit aufgrund ihrer kognitiven und intellektuellen Beeinträchtigungen einige Bereiche des täglichen Lebens (z. B. finanzielle Belange) nicht mehr selbständig bewältigen können, kann auf Antrag nach § 1896 BGB in solchen Fällen eine Betreuung vom Vormundschaftsgericht angeordnet werden. Eine Betreuung darf grundsätzlich nur zur Abwendung einer erheblichen Gefahr für die betreffende Person (z. B. schwere Gesundheitsgefährdung) und das Vermögen des Betreffenden vom Vormundschaftsgericht angeordnet werden (§ 1896 BGB).

Einen Antrag auf Betreuung kann nur der Betreffende selbst stellen. Angehörige, Bekannte bzw. behandelnde Ärzte können die Einleitung einer Betreuung bei der zuständigen Betreuungsbehörde oder dem Vormundschaftsgericht nur anregen. Diese werden dann von Amts wegen tätig. Wenn ein Behandler zu der Einschätzung kommt. dass ein Patient (z. B. wegen eines Korsakow-Syndroms) nicht mehr einwilligungsfähig ist, so muss er beim Vormundschaftsgericht eine Betreuung mit dem Aufgabenbereich Heilfürsorge anregen. Da das Verfahren zur Einrichtung einer Betreuung zeitaufwendig ist, kommt häufig nur eine Eilbetreuung infrage (Einzelheiten siehe Wetterling 2018).

Bei einer chronischen körperlichen Schädigung durch Alkohol (▶ Kap. 5.3) wird zur Vermeidung weiterer Schäden häufig von ärztlicher Seite und auch den Angehörigen gewünscht, dass eine Betreuung auch gegen den Willen des Betroffenen eingerichtet wird. Nach der deutschen Rechtsprechung wird der freien Willensbestimmung des Betreffenden aber größerer Stellenwert eingeräumt (BVerfG 20.01.2015 -1 BvR 665/14; Wetterling et al. 1995).

6.7.3 Straßenverkehrsrecht

Ab einem Wert von 0,5 ‰ ist mit beachtenswerten kognitiven und psychischen Beeinträchtigungen zu rechnen. Daher wurde dieser Wert als Richtwert für eine Beeinträchtigung der Fahrtüchtigkeit festgelegt (§ 24a Absatz 1 StVG) (»Promillegrenze«). Für Fahrer anderer Fahrzeuge gelten niedrigere Grenzwerte (z. B. für Busfahrer in Deutschland 0 ‰). Bei auffälliger Fahrweise oder bei Verwicklung in einen Unfall kann bereits eine BAK ab 0,3 ‰ zu strafrechtlichen Folgen (relative Fahruntüchtigkeit) führen. Ab 1,1 ‰ gehen die Juristen von einer Fahruntüchtigkeit aus. Wer als Kraftfahrer mit einer BAK von über 1,6 ‰ angetroffen wird, muss sich in der Regel vor Neubeantragung der Fahrerlaubnis einer medizinisch-psychologischen Untersuchung (MPU) unterziehen. Dabei geht es v. a. um die Fahrzuverlässigkeit und Fahreignung. Führerschein-Gutachten dürfen nur von Ärzten angefertigt werden, die über eine verkehrsmedizinische Qualifikation verfügen (Nachweis entsprechender Seminare, die von den Ärztekammern abgehalten werden). In Zweifelsfällen kann die Straßenverkehrsbehörde ein MPU-Gutachten bei einer staatlich anerkannten Begutachtungsstelle anfordern.

7

Ätiologie der Alkoholkrankheit

Die Alkoholkrankheit ist eine Erkrankung mit vielen möglichen Einflussfaktoren. Es spielen sowohl bei der Entwicklung als auch bei Aufrechterhaltung eines Missbrauchs oder einer Abhängigkeit von Alkohol eine Reihe von Faktoren eine Rolle: biologische, psychologische, soziale und kulturelle Faktoren (▶ Abb. 7.1) sowie das Lebensalter und Geschlecht. Zwischen diesen Faktoren bestehen vielfältige Wechselwirkungen. Daraus folgt: den typischen »Alkoholiker« gibt es nicht. Es gilt also in jedem Einzelfall die individuellen Bedingungen der Alkoholkrankheit zu berücksichtigen.

7 Ätiologie der Alkoholkrankheit

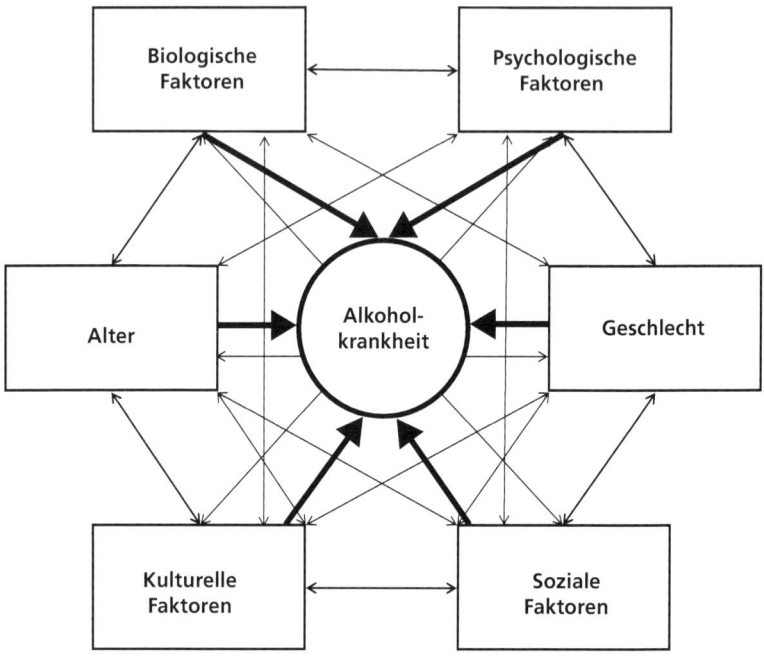

Abb. 7.1: Schematische Darstellung der komplexen Interaktionen der möglichen Einflussfaktoren der Alkoholkrankheit

7.1 Biologische Faktoren

7.1.1 Genetische Faktoren

Die Beteiligung genetischer Faktoren an der Entstehung und Aufrechterhaltung der Alkoholabhängigkeit ist als gesichert anzusehen (Reilly et al. 2017). Es sind über 100 Gene identifiziert worden (polygene Vererbung), die mit einer Alkoholabhängigkeit in Verbindung gebracht werden. In Genom-weiten Studien wurden unterschiedliche Genloci gefunden (Tawa et al. 2016). Bei der Interpretation der genetischen Studien hinsichtlich der Auswirkungen auf den Alkoholkonsum ist eine kritische Betrachtung der angewandten Methoden und Fragestellungen erforderlich, denn die Zusammenhänge zwischen nachgewiesenen genetischen Variationen und dem Trinkverhalten sind allenfalls mäßig (Johnson et al. 2019).

Es wurden auch Gene identifiziert, die das Risiko einer Alkoholabhängigkeit verringern. Hierbei handelt es sich vor allem um Varianten der Gene, auf denen die Enzyme (ADH, ALDH, ▶ Kap. 3.2) für den Alkoholabbau codiert sind (Tawa et al. 2016). Diese Varianten sind in manchen Ethnien (z. B. bei Asiaten) weit verbreitet.

7.1.2 Familienstudien

Auf genetische Zusammenhänge weisen auch Familien-, Zwillings- und Adoptionsstudien hin. In Zwillingsstudien wurde die Erblichkeit der Alkoholkrankheit auf 40–70 % geschätzt (Tawa et al. 2016). Bei Verwandten von Alkoholkranken wurde ein auf das Doppelte erhöhtes Risiko für eine Alkoholabhängigkeit gefunden (28,8 % vs. 14,4 %) (Nurnberger et al. 2004). Diese Ergebnisse deuten auf eine genetische, d. h. familiäre Belastung hin, die ein »erhöhtes Risiko« für den Betreffenden darstellt, dass sich unter bestimmten äußeren Bedingungen (z. B. Stress, psychologische und soziale Faktoren, ▶ Kap. 7.2 und ▶ Kap. 7.3) die Krankheit manifestiert. D. h., er ist anfälliger (vulnerabler) für die Alkoholerkrankung als diejenigen, die nicht die entsprechenden genetischen Voraussetzungen haben. Dieses Vulnerabilitätskonzept erklärt aber auch, warum nicht alle Personen mit den prädisponierenden Genen erkranken.

In diesem Zusammenhang ist darauf hinzuweisen, dass bei den Personen, die bei ihren alkoholabhängigen Eltern aufgewachsen sind, oft zudem eine schwere psychische Belastung durch die mangelnde Fürsorge der Eltern oder/und durch recht häufig eine von Gewalt geprägte Atmosphäre (»broken home«) besteht (Schückher et al. 2018). Diese Belastungen können zu epigenetischen Veränderungen führen (Bauer 2019). Wenn potenziell Gefährdete (mit einer genetischen Prädisposition) unter äußeren Bedingungen auswachsen, die das Risiko nicht erhöhen, kommt es oft nicht zur Entwicklung einer Alkoholerkrankung.

7.1.3 Neurochemische Modelle zur Entwicklung einer Alkoholabhängigkeit

Es sind einige Modelle zur Entwicklung und Aufrechterhaltung einer Alkoholabhängigkeit auf der Basis neurochemischer Prozesse vorgeschlagen worden. Diese beruhen v. a. auf tierexperimentellen Untersuchungen (Koob 2014; Koob und Colrain 2020) und auch mit bildgebenden Verfahren (v. a. PET und MRS) in vivo beim Menschen (Volkow et al. 2017).

Dabei sind drei Prozesse zu unterscheiden, die weitgehend den üblichen diagnostischen Kriterien für eine Alkoholabhängigkeit (▶ Kap. 8.1) entsprechen:

Alkohol-Wirkung auf das Reward-(Belohnungs)System

Unter dem Begriff Rewardsystem werden Hirnstrukturen (v. a. ventrales Striatum, Nucleus accumbens und auch Amygdala sowie frontaler Cortex) subsumiert, in denen eine Art Bewertung von Prozessen, v. a. Tätigkeiten des Betreffenden, wie z. B. Essen, Sex etc. stattfindet. Falls die Bewertung positiv ausfällt, ist dies für den Betreffenden ein starker Anreiz, das entsprechende Verhalten zu wiederholen. Hierzu gehört auch, dass er nach Möglichkeiten sucht, in denen dies möglich ist. Hohe Trinkmengen führen zu einer Aktivierung des Rewardsystems (Stuke et al. 2016).

In dem Rewardsystem bewirkt »akuter« Alkoholkonsum die Aktivierung einer Reihe von Neurotransmittern v. a. Dopamin, GABA und Endorphine (▶ Abb. 7.2). Diese führt zu einer positiven Bewertung (»Belohnung«, bei sehr starker Aktivierung zu einer Art Euphorie). Eine MRS-Studie zeigte, dass erhöhte Konzentrationen von Glutamat

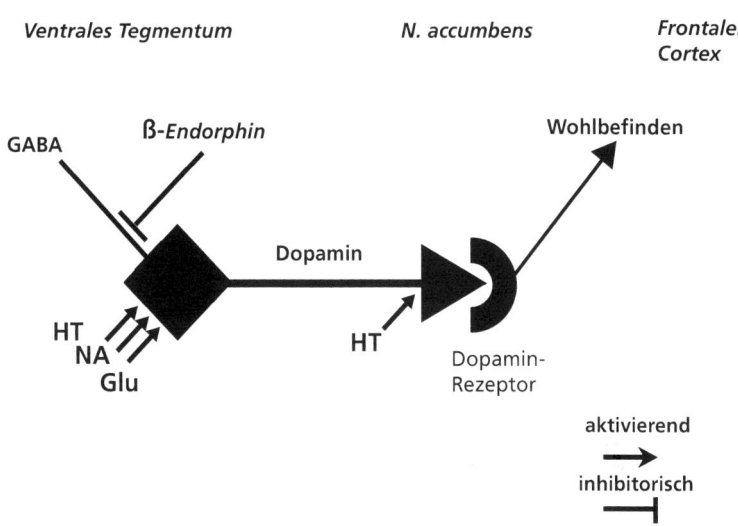

Abb. 7.2: Schematische Darstellung des Reward-(Belohnungs)Systems (modifiziert nach Wetterling et al. 1996, S. 145, © Georg Thieme Verlag KG)
(Glu = Glutamat, NA = Noradenalin, HAT = Serotonin)

mit höherem Craving assoziiert ist (Frye et al. 2016). Durch die gleichzeitige Kalorienzufuhr (▶ Kap. 3.1) wird ein Wohlbefinden gefördert (»Sättigungsgefühl«). Eine verminderte Aktivierung des Rewardsystems, insbesondere der dopaminergen Neurotransmission und vermehrter Stress (erhöhte CRF-Aktivität) führen zu einem von dem Betroffenen als negativ empfundenen Zustand, der meist als negatives reinforcement bezeichnet wird. Negativ getönte emotionale Zustände wie Dysphorie; Ängstlichkeit etc. treten bei fallender BAK (»Entzug«) auf. Deren Wahrnehmung und die durch wiederholten Konsum »gelernte« Erfahrung, dass ein erneutes Trinken diesen Zustand verringern oder aufhaben kann, sind die psychologischen Grundlagen für ein starkes Verlangen (»Craving«) bzw. Zwang, wieder Alkohol zu konsumieren.

Die »positive« Wirkung von Alkohol, die der Konsument erwartet hat, tritt nicht mehr ein, wenn die Hirnstrukturen, die das Rewardsystem bilden, sich durch neuroadaptive Prozesse (z. B. geringere Rezeptorempfindlichkeit) an einen hohen Alkoholkonsum angepasst haben. Um dann den gleichen (gewünschten) Effekt zu erzielen, muss der Betreffende mehr Alkohol trinken. Der geschilderte Prozess ist die neurochemische Grundlage für eine Toleranzentwicklung (▶ Kap. 8). Wenn der Betreffende seinen Konsum nicht erhöht, kommt es meist zu den oben beschriebenen negativ getönten emotionalen Zuständen, die das Verlangen nach Alkohol begünstigen. Bei ausgeprägtem Verlangen kommt es oft zu Rückfällen. Hierzu tragen auch Veränderungen in fronto-striatalen Regelkreisen bei, die zu einer verminderten Kontrollfähigkeit des Alkoholkonsums und zu einer Verstärkung der Motivation, Alkohol zu konsumieren, führen.

7.1.4 Epigenetische Modelle zur Entwicklung einer Alkoholabhängigkeit

Viele, v. a. tierexperimentelle Studien sprechen für eine Beteiligung epigenetischer Mechanismen bei der Entwicklung einer Alkoholabhängigkeit (Starkman et al. 2012). Durch akuten und v. a. chronischen Alkoholkonsum wird die Geneexpression verändert (▶ Kap. 4.3). Diese Prozesse können die Entwicklung einer Toleranz bzw. einer Abhängigkeit fördern. Auch »psychologische« Faktoren wie die »Motivation«, Alkohol zu konsumieren, können nach tierexperimentellen Studien durch epigenetische Mechanismen beeinflusst werden (Jeanblanc et al. 2015): So führte bei Ratten die Gabe einer Histon-Deacetylase zu einer Verringerung der Trinkmenge und zu einer geringen Rückfallrate bei Ratten. Umgekehrt führt eine bestimmte Methyltransferase zu einem erhöhten (zwanghaften) Alkoholkonsum bei Ratten (Barbier et al. 2017).

Pandey et al. (2017) haben ein Stufenmodell der epigenetischen Veränderungen in Zusammenhang mit dem Konsum von Alkohol und in dessen Folge ängstlichen Verhaltensweisen erarbeitet. Alkoholkonsum während der Adoleszenz führt zu höheren Histon-Deacetylase-Konzentrationen und damit zu einer verminderten Histonacetylierung. In der Folge kommt es vermehrt zu Angst und Alkoholkonsum zur Spannungsreduktion.

Psychische Belastungen können zu epigenetischen Veränderungen führen (Bauer 2019), die länger bestehen bleiben. Solche Veränderungen könnten erklären, dass frühe traumatische Ereignisse in der Kindheit (wie z. B. körperliche Gewalt oder emotionale Vernachlässigung etc.) sich auf den Alkoholkonsum im Erwachsenenalter auswirken.

7.2 Psychologische Faktoren

Die der Entwicklung der Alkoholkrankheit zugrunde liegenden psychologischen Phänomene waren Gegenstand vieler Studien, die zur Bildung von verschiedenen Modellansätzen geführt haben (Übersicht Davis et al. 2018). Die wichtigsten sind:

- Lerntheoretische Ansätze (klassische und operante Konditionierung)
- Motivationale und entscheidungstheoretische Ansätze (Miller und Rollnick 1991)
- Kognitive Ansätze (automatisierte Handlungsschemata (Tiffany 1990))
- Sozial-kognitive Ansätze (Rückfallpräventionsmodell (Marlatt und Gordon 1985))

Das soziale Lernen spielt eine zentrale Rolle bei der Entstehung, Erhaltung und Veränderung des Trinkverhaltens. Ralf Schneider (1992) hat ein funktionales Bedingungsmodell der Alkoholabhängigkeit beschrieben, welches v. a. folgende Ansatzpunkte für die Entwicklung eines problematischen Alkoholkonsums annimmt:

- situative Bedingungen (Ort, Anwesenheit anderer Personen, Verfügbarkeit des Alkohols)
- spezifische Erwartungen an die Wirkung von Alkohol (aktuelle positive und negative affektive Anreize)
- einen gestörten Selbstregulationsprozess (verminderte Selbstkontrolle)
- die erlebten positiven kurzfristigen Konsequenzen des Alkoholkonsums.

Auch die bewusste (deklarative) und nicht-bewusste (prozedurale) Motivation steuern auch das Trinkverhalten. Ob jemand erhöht Alkohol trinkt, wird v. a. durch folgende Faktoren bestimmt (Schneider 1986):

- Trinkregeln und -normen (kulturelle Aspekte)
- Anreize für das Trinken (auch sozialer Druck »peer group«, besonders bei Jugendlichen)
- erwartete Befriedigung (auch dämpfender Alkoholeffekt bei Stress)
- erlebte Verhaltensänderungen nach Alkoholkonsum (z. B. »kompetenteres« Verhalten, Selbstwertsteigerung)
- beobachtbare Vorteile (soziale Anerkennung, alkoholinduzierte Emotionen, wie z. B. Entspannung) und
- den Prozess des Trinkens selbst, der Ablenkung verschaffen kann (dies gilt noch mehr für Rauchen).

Zusammenfassend ist festzustellen, dass die erwarteten positiven bzw. negativen Kognitionen für die Trinkentscheidung von Bedeutung sind. Auch die Vermeidung von Entzugserscheinungen hält, wenn es zu einer körperlichen Abhängigkeit gekommen ist, die Motivation zum weiteren Konsum aufrecht. Solange Risiken wegen mangelnder Selbsteinschätzung und -beobachtung nicht wahrgenommen werden und attraktive Verhaltensalternativen fehlen, wird der Alkoholkonsum fortgesetzt.

Konstitutionelle Faktoren wie eine geringe physiologische Reaktion auf Alkohol (Schuckit et al. 2012), persönliche Wesenszüge (wie childhood conduct disorder) und impulsives selbstverletzendes Verhalten, die für eine antisoziale bzw. Borderline-Persönlichkeitsstörung charakteristisch sind (Rosenström et al. 2018) führen oft zu einem erhöhten Alkoholkonsum. Eine Meta-Analyse von Arbeiten zu Angststörungen in der Kindheit bzw. Jugend und späterem Alkoholkonsum ergab keine eindeutigen Zusammenhänge (Dyer et al. 2019). In einer schwedischen Untersuchung zeigten Frauen, die in ihrer Kindheit emotionalen Stresssituationen ausgesetzt waren, z. B. durch eine alkoholkranke Mutter, häufig einen frühen Beginn des Alkoholkonsums (Schückher et al. 2018).

Die Wahrnehmung von Stress, depressiver Verstimmung und Suizidgedanken ist besonders ausgeprägt bei Personen mit hohen Werten im AUDIT, also wahrscheinlich Alkoholabhängigen (Jeong et al. 2019). Die Trinkmenge und die -frequenz, insbesondere eines erhöhten Konsums haben einen deutlichen Einfluss im Sinne einer Risikoerhöhung zur Entwicklung einer Alkoholabhängigkeit (NESARC 2006).

Grundsätzlich sind bei der Betrachtung psychologischer Einflussfaktoren auf die Entwicklung einer Alkoholerkrankung auch die Persönlichkeitsstruktur (siehe diese Buchreihe: Walter et al. 2016) und eine psychiatrische Komorbidität (Angst, Depression, Phobien) (siehe diese Buchreihe: Walter und Gouzoulis-Mayfrank 2019) zu berücksichtigen. Diese können die Entwicklung einer Alkoholabhängigkeit fördern.

7.3 Soziale Faktoren

Soziale Faktoren, insbesondere die Einstellung zu Suchtstoffen in der Gesamtbevölkerung, beeinflusst die Zahl der Abhängigen sehr, z. B. durch eine permissive oder restriktive Haltung gegenüber Alkohol oder Drogen. Die Häufigkeit der Alkoholabhängigkeit ist mit der Verfügbarkeit von Alkohol assoziiert. Die Verfügbarkeit wird bestimmt von politisch entschiedenen Faktoren wie (▶ Kap. 9.5):

- Preisgestaltung
- Verkaufsbedingungen (wie Lizensierung des Verkaufs, Zeitbegrenzung der Einkaufsmöglichkeiten etc.)
- evtl. Werbung (bei Jüngeren)

Häufig werden auch schlechte sozioökonomische Bedingungen als Grund für einen erhöhten Alkoholkonsum angesehen. In Deutschland trinken aber nach Befragungen die Personen mit einem sozial hohen Status eher mehr Alkohol als die mit einem niedrigen (DKFZ 2017, S. 51). Entsprechende Studien liegen auch aus anderen Ländern vor (Collins 2016). Einzige Ausnahme in Deutschland: junge Männer mit sozial niedrigem Status. Aufgrund dieser Daten ist ein sicherer Zusammenhang zwischen schlechten sozioökonomischen Bedingungen und einem erhöhten Alkoholkonsum nicht ableitbar.

Es gibt aber Hinweise dafür, dass bestimmte soziale Belastungsfaktoren wie Arbeitslosigkeit, nicht abgeschlossene Ausbildung (Manhica et al. 2019) und Wohnungslosigkeit mit einer höheren Zahl an Alkoholabhängigen assoziiert sind (Fazel et al. 2008). Die Gründe für den Alkoholkonsum sind bisher, z. B. bei Wohnungslosen, wenig untersucht worden. Eine Befragung von Obdachlosen zeigte, dass u. a. mit dem Konsum von Alkohol v. a. unangenehme Gefühle etc. unterdrückt werden sollten (Collins et al. 2018). Eine Studie aus Schweden zeigte, dass Alkoholkranke sehr viel mehr Sozialhilfe benötigten, früher berentet und häufiger arbeitslos wurden. So war das durchschnittliche Einkommen im Alter von 50 Jahren niedriger als bei der Vergleichsgruppe Nicht-Abhängiger (Kendler et al. 2017b). Aufgrund dieser Daten stellt sich die Frage, ob die schlechten sozialen Bedingungen nicht eher als die Folge der Alkoholabhängigkeit denn als deren Ursache anzusehen sind.

Scheidungen oder der Verlust des Partners durch Tod stellen einen Risikofaktor für die Entwicklung einer Alkoholabhängigkeit bzw. für Rückfälle dar. Neue Partnerschaften führen bei Geschiedenen zu einer Abnahme des abhängigen Trinkens (Kendler et al. 2017a). Eine finnische Studie zeigte, dass sich eine Berentung unterschiedlich auf das Trinkverhalten auswirken kann, nur ein kleiner Teil der Betroffenen trank nach der Berentung mehr Alkohol als vorher (Halonen et al. 2017). Nach einer englischen Studie tranken Personen, die arbeiteten, verheiratet waren und mit kleinen Kindern zusammenlebten, weniger als die, die diese Merkmale nicht aufwiesen (Staff et al. 2014).

7.4 Kulturelle Faktoren

Alkoholische Getränke sind den Menschen seit dem Altertum bekannt. Sie wurden zu verschiedenen Zwecken bzw. bei verschiedenen Gelegenheiten getrunken (▶ Kap. 1.1). In einigen großen Weltreligionen, vor allem im Islam, aber auch im Hinduismus und im Buddhismus ist Alkoholkonsum verboten bzw. stark sanktioniert. So ist in den Ländern, in denen sich die Bewohner zu diesen Religionen bekennen, bis in jüngste Zeit hinein, Alkoholmissbrauch kein relevantes Problem gewesen. Durch kulturelle Veränderungen, insbesondere verminderten Einfluss der Religionen auf die gesellschaftlichen Verhältnisse ist der Alkoholkonsum auch in einigen dieser Länder zu einem Problem geworden (GBD 2016 Alcohol Collaborators 2018).

Viele Kulturen, die lange isoliert lebten und die einer Naturreligion nachgingen, sind unter dem Ansturm der europäischen Eroberer (in der Kolonialzeit bis ins 20. Jahrhundert) regelrecht dem Alkohol verfallen, sodass für diese Völker Alkoholabhängigkeit zu einem immensen Problem wurde. Dies betrifft vor allem die Ureinwohner Nord- und Südamerikas (Eskimos, »Indianer«) und Australiens (Aboriginies) und auch viele Völker Schwarzafrikas. Neben dem Verlust der kulturellen Identität hat bei diesen Völkern auch das Abdrängen in ein soziales Abseits (Leben in Reservaten, ohne sinnvolle Beschäftigung etc.) zur Verbreitung eines schädlichen Alkoholkonsums beigetragen. Alkoholkonsum war bei diesen Völkern vor Eintreffen der Europäer unbekannt oder nur zu kultischen Handlungen gestattet.

Zu den soziokulturellen Faktoren, die neben der Religion zur Höhe und Häufigkeit des Alkoholkonsums beitragen, sind zu zählen (▶ Kap. 9.5):

- staatliche Sanktionen gegen (erhöhten) Alkoholkonsum
- Werbung für alkoholische Getränke
- (öffentlicher) Alkoholkonsum von Menschen mit Vorbildfunktion (Fernsehen etc.)

In Deutschland herrscht bis heute gegenüber Alkohol als Genussmittel eine sehr permissive Haltung vor, so ist die Werbung für alkoholische Getränke im Gegensatz zu der für Zigaretten nicht beschränkt. Gleichwohl besteht in der Bevölkerung gegenüber Alkoholkranken eine oft ablehnende Haltung (▶ Kap. 6.1).

7.5 Lebensalter

Der Zeitpunkt des ersten Alkoholkonsums ist abhängig von dem kulturellen und sozialen Umfeld und auch der Zugehörigkeit zu sozialen Gruppierungen, z. B. Sportvereinen, Jugendgruppen etc. In Deutschland findet der erste Alkoholkonsum durchschnittlich im Alter von etwa 14 Jahren statt (DKFZ 2017, S. 29).

Das Alter bei Erstkonsum (»Einstiegsalter«) hat einen Einfluss auf die Entwicklung des Alkoholkonsums, wichtiger ist aber der Beginn des abhängigen Trinkens. Eine genetische Prädisposition führt zu einem frühen Beginn des Trinkens, aber nicht der Abhängigkeit (Huggett et al. 2018). So ändert sich das Trinkmuster in den ersten Jahren nach Beginn eines vermehrten Alkoholkonsums häufig (McBride et al. 2014). Eine geringe subjektiv empfundene Lebensqualität ist ein wesentlicher Einflussfaktor für einen frühen häufigen Alkoholkonsum und die frühe Entwicklung einer Alkoholabhängigkeit (Fischer et al. 2015).

Die Ausbildung einer Alkoholabhängigkeit vor dem 25. Lebensjahr wird in Zusammenhang mit einigen anderen Faktoren, insbesondere dem Vorliegen einer Persönlichkeitsstörung als Hinweis auf die Entwicklung einer schweren Alkoholkrankheit angesehen (Cloninger 1987; Babor et al. 1992). Zur Entwicklung einer Alkoholabhängigkeit vor dem 25. Lebensjahr kann eine Vielzahl von Faktoren beitragen. Diskutiert werden vor allem:

- Familiäre (genetische) Belastung
- Psychiatrische Erkrankung (besonders Angst-, depressive Persönlichkeitsstörungen)
- Persönlichkeitseigenschaften
- »Sozialer Stress« (z. B. familiäre Spannungen, aber auch Langeweile, Einsamkeit)
- Leichte Erreichbarkeit des Suchtstoffes, auch verführende Umgebung (sog. Saufmilieu)

In der Literatur wird diskutiert, ob es sinnvoll ist, Alkoholkranke mit einem frühen Beginn einer Abhängigkeit von denen mit einem späteren Beginn zu differenzieren. Für Alkoholkranke mit einer späten Ausbildung (»late onset«) eines abhängigen Trinkverhaltens liegen dagegen erst wenige entsprechende Studien vor. Strittig ist unter anderem das Alter, ab dem von einem späten Beginn gesprochen werden kann. In den meisten Studien wird bei einem Beginn des abhängigen Alkoholkonsums nach dem 45. Lebensjahr von einem späten Beginn (»late onset«) gesprochen. Alkoholkranke mit spätem Beginn zeigen im Vergleich zu denen mit frühem Beginn (Wetterling et al. 2003):

- einen niedrigeren Anteil an Alkoholkranken in der Familie
- eine niedrige Anzahl von Trinktagen
- eine geringere Trinkmenge pro Trinktag
- eine kleinere Anzahl von Entgiftungsbehandlungen
- eine geringe Anzahl von erfüllten ICD-10 Kriterien
- eine geringere Anzahl von somatischen und psychosozialen Komplikationen

- weniger Kontakte mit anderen Alkoholkranken
- einen geringeren Anteil an Rauchern

Es gibt Hinweise dafür, dass das dopaminerge System, das in dem Rewardsystem eine wichtige Rolle spielt (▶ Kap. 7.1), mit steigendem Alter degeneriert (Volkow et al. 1998). Dies ist wahrscheinlich der Grund, dass im Alter von über 50 Jahren kaum noch eine Alkoholkrankheit neu auftritt. In den meisten Fällen liegt dann eher eine Intensivierung des Alkoholkonsums (z. B. nach längerer Pause etc.) vor. In diesem Zusammenhang ist auf die Studien zu verweisen, die zeigen, dass die Trinkmenge großen Schwankungen unterliegt (▶ Kap. 2.1 und ▶ Kap. 9.2). Ältere Menschen behalten ihren Alkoholkonsum oft nach der Berentung bei und sehen sich selbst als kontrollierte Alkoholtrinker. Sie sehen den Konsum oft als bedeutend in Hinblick der Aufrechterhaltung von sozialen und Freizeitaktivität an (Bareham et al. 2019).

7.6 Geschlecht

In Deutschland wie auch in anderen Ländern bestehen erhebliche Geschlechtsunterschiede hinsichtlich des Alkoholkonsums und der Häufigkeit einer Alkoholabhängigkeit (DFKZ 2017, S. 40, 42). Frauen sind seltener betroffen als Männer. Frauen weisen aber bei gleichem Alkoholkonsum häufig früher und oft schwerere Organschädigungen auf als Männer (Agabio et al. 2017; Vatsalya et al. 2016).

Eine australische Zwillingsstudie konnte keine Hinweise für geschlechtsspezifische Unterschiede hinsichtlich des genetischen Risikos, alkoholabhängig zu werden, nachweisen (Heath et al. 1997). Besonders bei Frauen mit sexuellen Missbrauchs- oder Gewalterfahrungen in der Kindheit ist das Risiko der Entwicklung einer Alkoholerkrankung erhöht (Magnusson et al. 2012). Häufige Stresserlebnisse führen besonders bei Frauen zur Entwicklung einer Alkoholkrankheit

(Jeong et al. 2019; Peltier et al. 2019). Junge Frauen, die viele psychopathologische Auffälligkeiten und/oder psychosoziale Beeinträchtigungen aufweisen, haben ein erhöhtes Risiko für eine frühe Entwicklung einer Alkoholkrankheit (Foster et al. 2014).

8

Diagnostik

8.1 Diagnosekriterien

8.1.1 Diagnostische Kriterien für eine Alkoholabhängigkeit

> **Merke:**
> Die Schwierigkeit diagnostische Kriterien für eine Alkoholabhängigkeit zu definieren, wird u. a. dadurch deutlich, dass diese Kriterien in den letzten Jahrzehnten mehrfach modifiziert wurden. So wurde bei der Einführung des DSM-5 durch die APA 2013 die bisherige Unterteilung in Alkoholmissbrauch und Alkoholabhängigkeit aufgegeben und stattdessen eine Unterteilung in drei

Schweregrade anhand der Anzahl der nachweisbaren Symptome unternommen.

Die ICD-11 (WHO 2019) sieht dagegen weiterhin wie die ICD-10 (WHO 1991) eine Differenzierung von Alkoholmissbrauch (6C40.1) und Alkoholabhängigkeit (6C40.2) vor. Die Kriterien wurden weitgehend aus der zurzeit international gebräuchlichen ICD-10 (WHO 1991) übernommen. Die diagnostischen Kriterien für die aus den drei genannten diagnostischen Manualen sind in der Übersicht in Tabelle 8.1 zusammengefasst.

Tab. 8.1: Vergleich der ICD-10, ICD-11 und DSM-5 Alkoholabhängigkeit

Kriterium	ICD-10	ICD-11*	DSM-5[#]
Starker Wunsch oder eine Art Zwang, Alkohol zu konsumieren (»Craving«)	X	X	X
Verminderte Kontrollfähigkeit des Alkoholkonsums *Alkohol wird in größeren Mengen als beabsichtigt konsumiert (Kontrollverlust)*	X	X	X
Anhaltender Wunsch oder erfolglose Versuche, den Alkoholkonsum zu kontrollieren			X
Körperliches Entzugssyndrom *oder deren Vermeidung durch Alkoholkonsum*	X	X	X
Nachweis einer Toleranz *Toleranzentwicklung*	X	X	X
Vernachlässigung anderer Vergnügen zugunsten des Alkoholkonsums	X	X	X
Hoher Zeitaufwand für Beschaffung und Konsum von Alkohol sowie Erholen von der Wirkung			X
Anhaltender Alkoholkonsum trotz des Wissens schädlicher Folgen	X	X	X

Tab. 8.1: Vergleich der ICD-10, ICD-11 und DSM-5 Alkoholabhängigkeit – Fortsetzung

Kriterium	ICD-10	ICD-11*	DSM-5#
Wiederholter Konsum, der zu einem Versagen bei der Erfüllung wichtiger Verpflichtungen bei der Arbeit, in der Schule oder zu Hause führt			X
Wiederholter Konsum in Situationen, in denen es aufgrund des Konsums zu einer körperlichen Gefährdung kommen kann			X
Wiederholter Konsum trotz ständiger oder wiederholter sozialer oder zwischenmenschlicher Probleme			X
Mindestens drei der Kriterien waren zwölf Monate nachweisbar	X	X	X

* Quelle: https://icd.who.int/browse11/l-m/en/ (Stand: 29.9.2019)
# teilweise nicht identische Formulierungen der Merkmale, angegeben sind bei weitgehender Ähnlichkeit die der ICD-10, kursive Kriterien entsprechend der DSM-5

Die Schwierigkeiten einer Definition der Alkoholkrankheit entstehen vor allem dadurch, dass eine vielgestaltige Symptomatik in verschiedenen Bereichen (körperlich, psychisch und soziales Verhalten) und mit unterschiedlichen Verlaufsmustern zu beschreiben ist. In der ICD-11 (WHO 2019) werden daher zehn verschieden Formen der Alkoholkrankheit (ICD-11: 6C40) unterschieden, die anhand des Verlaufs noch weiter in zehn Subtypen bzw. anhand der (neuro)psychiatrischen Symptomatik in 17 weitere Subtypen differenziert wird (Übersetzung aus dem Englischen durch Verfasser, da noch keine autorisierte Übersetzung vorlag).

6C40.0 Episode eines schädlichen Gebrauchs von Alkohol

6C40.1 Schädliches Gebrauchsmuster von Alkohol
6C40.10 Schädlicher episodischer Gebrauch von Alkohol

6C40.11 Schädlicher dauerhafter Gebrauch von Alkohol
6C40.1Z Schädlicher, nicht näher bezeichneter Gebrauch von Alkohol

6C40.2 Alkoholabhängigkeit
6C40.20 Alkoholabhängigkeit, gegenwärtig dauerhafter Gebrauch
6C40.21 Alkoholabhängigkeit, gegenwärtig episodischer Gebrauch
6C40.22 Alkoholabhängigkeit, frühe vollständige Abstinenz
6C40.23 Alkoholabhängigkeit, andauernde Teilremission
6C40.24 Alkoholabhängigkeit, andauernde Vollremission
6C40.2Z Alkoholabhängigkeit, nicht näher bezeichnet

6C40.3 Alkoholintoxikation

6C40.4 Alkoholentzug
6C40.40 Alkoholentzug, unkompliziert
6C40.41 Alkoholentzug mit Wahrnehmungsstörungen (Halluzinationen)
6C40.42 Alkoholentzug mit Anfällen
6C40.43 Alkoholentzug mit Wahrnehmungsstörungen und Krämpfanfällen
6C40.4Z Alkoholentzug, nicht näher bezeichnet

6C40.5 Alkohol-induziertes Delir

6C40.6 Alkohol-induzierte psychotische Störung
6C40.60 Alkohol-induzierte psychotische Störung mit Halluzinationen
6C40.61 Alkohol-induzierte psychotische Störung mit Wahnsymptomen
6C40.62 Alkohol-induzierte psychotische Störung mit gemischten psychotischen Symptomen
6C40.6Z Alkohol-induzierte psychotische Störung, nicht näher bezeichnet

8 Diagnostik

6C40.7 Andere alkohol-induzierte Störungen
6C40.70 Alkohol-induzierte affektive Störung
6C40.71 Alkohol-induzierte Angststörung

6C40.Z Störungen, bedingt durch Alkoholgebrauch

6D72.10 Amnestische Störung, bedingt durch Alkoholgebrauch
5B5A.1 Wernicke-Korsakoff Syndrom bzw. 5B5A.11 Korsakoff -Syndrom
(als spezifisch durch Thiamin-Mangel verursachte Hirnschädigungen)
6D84.0 Demenz, bedingt durch Alkoholgebrauch
6C40.Y Andere spezifische Störungen, bedingt durch Alkoholgebrauch

Die ICD-10/11 Kriterien bzw. die typische klinische Symptomatik der Folgen eines längeren Alkoholkonsums, insbesondere einer Abhängigkeit wie z. B. eines Entzugs, werden, da meist eine Indikation zur Behandlung besteht, in Kapitel 9 dargestellt.

Im Folgenden werden die einzelnen Kriterien für die Diagnose einer Alkoholabhängigkeit der ICD-10 (WHO 1991) bzw. ICD-11 (WHO 2019) genauer betrachtet:

Starker Wunsch oder eine Art Zwang, Alkohol zu konsumieren (»Craving«)

Craving ist schwer zu definieren, da es sich um eine subjektive temporäre Wahrnehmung des Betreffenden handelt, die von einer Vielzahl von Faktoren abhängig ist, u. a. der aktuellen Situation (Wetterling et al. 1998) (► Abb. 7.2). Dabei spielt das Reward-(Belohnungs) System eine wichtige Rolle (► Kap. 7.1). Ein häufig zur Einschätzung des Schweregrades des »Cravings« verwendeter Selbstbeurteilungsfragebogen OCDS ist aus einem Fragebogen für Zwangsstörungen entwickelt worden (Anton et al. 1995; Mann und Ackermann 2000).

Verminderte Kontrollfähigkeit des Alkoholkonsums

Bei der Alkoholkrankheit handelt es sich grundsätzlich um Veränderungen des Körpers, die durch einen von außen zugeführten Stoff (Alkohol) induziert werden – also im weitesten Sinn um eine Verhaltensstörung. Die Störung liegt im Wesentlichen darin, dass der Alkoholkonsum nicht mehr gesteuert werden kann, sodass der Betreffende häufig mehr trinkt als beabsichtigt, oft bis zum Rausch. Hierfür werden v. a. alkoholinduzierte Veränderungen in Frontalhirn verantwortlich gemacht (Koob 2014).

Körperliches Entzugssyndrom

Nach längerem und v. a. hohem Alkoholkonsum kann es bei dessen Beendigung zu vielfältigen körperlichen Symptomen kommen, die mit dem Begriff Entzugssyndrom beschrieben werden (▶ Kap. 9.3.3). Sie entstehen v. a. durch neuroadaptive Vorgänge bei lang andauerndem hohen Alkoholkonsum (▶ Kap. 4.1 und ▶ Kap. 5.1). Vorbestehende körperliche Erkrankungen können die Schwere des Entzugs deutlich beeinflussen (Wetterling et al. 2006) (▶ Kap. 9.3.3).

Toleranzentwicklung

Alkohol hat eine Reihe von pharmakologischen Eigenschaften, die in den Kapiteln 3 und 4 dargestellt werden. Bei häufigem, insbesondere regelmäßigem Alkoholkonsum kommt es zu Anpassungsvorgängen, insbesondere auf der Ebene der Neurotransmitter-Rezeptoren (▶ Kap. 4.1.2). Der Betreffende muss dann, um gleichstarke Effekte seines Alkoholkonsums zu erreichen, zunehmend mehr trinken. D. h. die Zeichen einer Alkoholisierung (▶ Tab. 5.1) treten bei höheren Promillewerten auf als zu Beginn des Alkoholkonsums.

In höherem Alter ist häufig eine »negative« Toleranz zu beobachten, d. h. der Betreffende zeigt schon bei geringerer BAK als früher deutliche Auswirkungen des Alkoholkonsums. Dies ist auf altersabhängige Veränderungen des Alkoholmetabolismus zurückzuführen (▶ Kap. 3.3).

8 Diagnostik

Vernachlässigung anderer Vergnügen zugunsten des Alkoholkonsums

Eine Vernachlässigung anderer Tätigkeiten, insbesondere von Vergnügen zugunsten des Alkoholkonsums zeigt den hohen Stellenwert, den der Alkoholkonsum im Leben des betreffenden einnimmt. Dieses Kriterium ist bei älteren Menschen oft schwierig nachzuweisen, da ein sozialer Rückzug oder das Einstellen von früheren Gewohnheiten, insbesondere von Freizeitaktivitäten, im Alter generell nicht selten ist. Auch sind bei älteren Menschen körperliche Beschwerden häufig und werden oft als Begründung für das verminderte Aktivitätsniveau angegeben, sodass ein möglicher Zusammenhang mit vermehrtem Alkoholkonsum nur in einer eingehenden Befragung erkennbar wird.

Anhaltender Alkoholkonsum trotz des Wissens schädlicher Folgen

Es ist allgemein bekannt, dass hoher Alkoholkonsum zu körperlichen und psychosozialen Folgeschäden führen kann. Aber viele Konsumenten hoher Alkoholmengen sind sich nicht über die Grenzwerte, ab wann ein riskanter Alkoholkonsum vorliegt, im Klaren. Hier können und sollten präventive Maßnahmen ansetzen (z. B. »Erkenne dein Limit«).

Die Ergebnisse einer Befragung zeigten, dass die gesundheitsschädliche Wirkung von Alkohol den meisten Alkoholkranken bekannt war (Wetterling et al. 2001a). Wenn der Betreffende schon alkoholinduzierte schädliche Folgen kennt (z. B. durch selbst wahrgenommene Beschwerden (z. B. Polyneuropathie)) oder Information von seinem Arzt, spricht ein anhaltender Konsum für eine Alkoholabhängigkeit. Dieses Kriterium ist ebenfalls bei älteren Menschen schwer zu überprüfen, da eine Reihe von möglichen alkohol-induzierten Folgeschäden, v. a. körperliche Störungen (▸ Kap. 5), altersbedingt auch in der Normalbevölkerung zunehmen.

In einigen Untersuchungen wurde überprüft, welche der Kriterien besonders häufig vorliegen, v. a. in Abhängigkeit vom Alter bzw. der Ausprägung der Abhängigkeit (Behrendt et al. 2013; Rose et al. 2012;

Yoshimura et al. 2016). Die ICD-10 Kriterien korrelieren untereinander stark, insbesondere: starker Wunsch oder eine Art Zwang, verminderte Kontrollfähigkeit und Vernachlässigung anderer Vergnügen sowie körperliches Entzugssyndrom sind als Kernsymptome einer Abhängigkeit anzusehen (Yoshimura et al. 2016). Zu ähnlichen Ergebnissen kam eine Untersuchung der DSM-IV Kriterien. Bei Nachuntersuchungen von anfangs 14–24-jährigen Studienteilnehmern nach vier bzw. zehn Jahren waren aber nur bei 36 % die Symptome stabil (Behrendt et al. 2013). In einer ähnlichen Studie bei 12–21-Jährigen, die im Jahr zuvor angefangen hatten, Alkohol zu trinken, waren die Merkmale Entzugserscheinungen, Probleme zu Hause, in der Schule oder bei der Arbeit sowie Toleranz häufiger bei denjenigen mit einer leicht ausgeprägten Alkoholkrankheit assoziiert. Dagegen waren die Kriterien: Trinken von größeren Mengen bzw. längere Zeit, erfolglose Versuche, den Alkoholkonsum zu beenden, weiterer Alkoholkonsum trotz damit verbundener gesundheitlicher Probleme häufiger mit einer schweren ausgeprägten Alkoholkrankheit verbunden (Rose et al. 2012).

Die Zahl der als alkoholabhängig Identifizierten hängt von den verwendeten diagnostischen Kriterien und auch dem Alter der Untersuchten ab (Chung et al. 2017; Degenhardt et al. 2019; Lago et al. 2016; Lundin et al. 2015). Die Übereinstimmung zwischen der mithilfe der ICD-10 (WHO 1991) und der ICD-11 (WHO 2019) Diagnostizierten ist sehr gut (Degenhardt et al. 2019; Lago et al. 2016).

Bisher ist aber noch nicht hinreichend untersucht worden, ob und inwieweit die diagnostischen Kriterien für eine Alkoholabhängigkeit auch für ältere Personen geeignet sind, denn einige Kriterien sind bei älteren Menschen unspezifisch bzw. schwer zu überprüfen.

Bei genauer Betrachtung der oben genannten diagnostischen Kriterien fällt auf, dass sie nicht die in der öffentlichen Diskussion zum Thema Alkoholabhängigkeit immer wieder angeführten Faktoren wie Trinkmenge, Trinkfrequenz oder Anzahl der Rauschzustände (z. B. DKFZ 2017, S. 51) enthalten. Daher sind die Kriterien auch nur bedingt geeignet, wenn es um die Risikoabschätzung von Folgeerkrankung etc. geht. Zudem ist zu berücksichtigen – wie eben dargestellt –, dass die jeweils erfüllten Kriterien im Verlauf durchaus in der Zahl wechseln können.

8.1.2 Diagnostische Kriterien für einen Alkoholmissbrauch

In der DSM-5 (APA 2013) ist die Unterteilung schädlicher Alkoholgebrauch und Alkoholabhängigkeit aufgegeben worden und stattdessen eine Unterteilung nach Anzahl der in dem letzten Jahr vorliegenden Merkmale vorgenommen worden. In der ICD-10 wird für die Diagnose eines schädlichen Alkoholgebrauchs nur gefordert, dass eine Schädigung der psychischen oder physischen Gesundheit durch den erhöhten Alkoholkonsum tatsächlich eingetreten ist (▶ Kap. 5). Diese letzten Endes unscharfe Definition kann zu Schwierigkeiten in der Abgrenzung zu einer Abhängigkeit führen. In der ICD-10 werden soziale Folgen des Konsumverhaltens nicht als Kriterium für einen schädlichen Gebrauch gewertet. In der ICD-11 werden aber Verhaltensweisen, die andere schädigen können, als ein Kriterium für Alkoholmissbrauch genannt.

Als Erfassungsinstrument zur Einschätzung des Schweregrads der Alkoholabhängigkeit wird auch der EuropASI (deutsch: europäische Form des Addiction Severity Index) (www.emcdda.europa.eu) verwendet.

8.1.3 Typologie von Alkoholkranken

Auch wegen der Schwierigkeiten, eine allgemeingültige Beschreibung bzw. Definition für Alkoholmissbrauch oder Alkoholabhängigkeit zu finden, ist versucht worden, Alkoholkranke in bestimmte Typen zu unterteilen, z. B. nach Trinkverhalten und Art der Abhängigkeit, aber auch nach biologischen, genetischen oder psychologischen Gesichtspunkten (Babor et al. 1992; Cloninger et al. 1981; Jellinek 1960; Lesch und Walter 1996). Alle Typologien gehen davon aus, dass es sich bei den Typen um Charakteristika der betreffenden Person handelt, die über einen längeren Zeitraum weitgehend konstant sind. Aber in Langzeituntersuchungen hat sich dies nicht nachweisen lassen. Da diese Typologien die Alkoholforschung und -therapie lange Zeit stark beeinflusst haben, wurden sie hier kurz erwähnt.

8.1.4 Mehrfach-Abhängigkeit (Synonym: polyvalente Abhängigkeit)

Ein diagnostisches Problem ist die Abhängigkeit von mehr als einer psychotropen Substanz. Bei Alkoholkranken ist die Wahrscheinlichkeit, dass sie zusätzlich illegale Drogen konsumieren, einen Medikamentenabusus betreiben oder rauchen um ein Vielfaches höher als bei nicht Alkoholabhängigen.

Nikotin

Ein hoher Anteil der Alkoholkranken ist Raucher. Es gibt vielfältige Wechselwirkungen zwischen Nikotin- und Alkoholkonsum (Verplaetse und McKee 2017). Sehr ähnliche psychologische Faktoren (»Selbstbehandlung« von Unruhe, Angst, Nervosität; Gruppendruck bzw. -erwartung, Reiz, Neues auszuprobieren) können Anreiz sein, Nikotin oder Alkohol zu »testen«. Wenn eine Gewöhnung an die adversiven Wirkungen dieser Substanzen erfolgt, kann es zu einer Abhängigkeitsentwicklung kommen. Eine Rolle dabei spielen eine Habituation des Konsumverhaltens und die Erfahrung, dass die als positiv erlebte Wirkung durch erneuten Konsum (schnell) erreicht werden.

Die pharmakologischen Wirkungen von Nikotin (Wirkung auf einen Acetylcholin-Rezeptor (»Nikotin-Rezeptor«)) und von Alkohol auf eine Vielzahl von Neurotransmittern (▶ Kap. 4.1) sind zwar unterschiedlich, aber beide Substanzen wirken auf das Verstärkersystem (▶ Abb. 7.2). In Experimenten ließ sich eine wechselseitige Verstärkung des Verlangens nach Alkohol bzw. Nikotin nachweisen (Verplaetse und McKee 2017).

Benzodiazepine

Sehr viele männliche Benzodiazepin-Abhängige sind ehemalige Alkoholkranke. Nicht selten werden je nach Verfügbarkeit beide Substanzen abwechselnd konsumiert. Oft besteht bei diesen eine Angststörung oder soziale Phobie. Ein nicht-medizinisch indizierter Gebrauch (Missbrauch) von Benzodiazepinen kommt bei einem erheblichen Anteil der Alkoholabhängigen vor (Morel et al. 2016).

Illegale Drogen

Ein erheblicher Teil der Konsumenten illegaler Drogen, insbesondere von substituierten Opiatabhängigen trinken Alkohol in größeren Mengen (Backmund et al. 2003). Viele Konsumenten illegaler Drogen, insbesondere von Opiaten, die einen deutlich sedierenden Effekt wie auch Alkohol bei höheren Trinkmengen aufweisen, steigen, nachdem sie es geschafft haben, den Konsum illegaler Drogen zu beenden, auf die »legale Droge« Alkohol um (Pacini et al. 2015).

8.2   Selbstbeurteilungsfragebögen

Angesichts der vielfältigen gesundheitlichen und psychosozialen Folgen (▶ Kap. 6) ist eine frühzeitige Diagnose eines erhöhten Alkoholkonsums und die Einleitung einer adäquaten Therapie anzustreben. Die Diagnose einer Alkoholabhängigkeit und besonders eines Alkoholmissbrauchs ist häufig schwierig, da die Angaben der Betroffenen sehr ungenau sind bzw. diese jeglichen erhöhten Alkoholkonsum negieren. Eine Alkoholabhängigkeit wird oft nicht erkannt, v. a., wenn schwerwiegende körperliche Erkrankungen oder Verletzungen zur Behandlung bzw. stationären Aufnahme führen.

Zum Screening, ob eine Alkoholkrankheit vorliegt, sind eine Reihe von kurzen Skalen bzw. Fragebogen entwickelt worden. International am gebräuchlichsten ist der AUDIT (Alcohol Use Disorders Identification Test) (Babor et al.1989), der von der WHO zur Diagnose einer Alkoholabhängigkeit empfohlen wird und in vielen Studien verwendet wurde.

Kasten 8.2: AUDIT (deutsche Übersetzung Wetterling und Veltrup 1997, modifiziert)

Sehr geehrte Patientin, sehr geehrter Patient!
Da Alkohol vielfach zu gesundheitlichen Schäden führt, werden Sie in diesem Fragebogen nach Ihren Trinkgewohnheiten gefragt. Bitte beantworten Sie die Fragen so genau wie möglich, da sie Grundlage für ein ärztliches Gespräch sind.
 Beachten Sie bitte, dass auch Bier ein alkoholisches Getränk ist!
 Als Maßeinheit gilt 1 Drink = 1 Glas/Dose Bier oder 1 Glas Wein/Sekt oder 1 Glas Korn, Rum, Schnaps, Weinbrand, Whisky oder ähnliches.

	0	1	2	3	4
Wie oft haben Sie alkoholhaltige Getränke getrunken?	Nie	Einmal im Monat oder seltener	2–4-mal im Monat	2–3-mal in der Woche	4-mal oder mehrmals in der Woche
Wie viele Drinks trinken Sie pro Tag?	1–2	3–4	5–6	7–9	10 oder mehr
Wie oft trinken Sie sechs oder mehr Drinks pro Tag?	Nie	Weniger als ein mal im Monat	Einmal im Monat	Einmal in der Woche	Fast täglich
Wie oft hatten Sie im letzten Jahr das Gefühl, Sie könnten nicht aufhören zu trinken, wenn Sie angefangen haben?	Nie	Weniger als inmal im Monat	Einmal im Monat	Einmal in der Woche	Fast täglich

	0	1	2	3	4
Wie oft konnten Sie im letzten Jahr nicht das tun, was von Ihnen erwartet wurde, weil Sie Alkohol getrunken haben?	Nie	Weniger als einmal im Monat	Einmal im Monat	Einmal in der Woche	Fast täglich
Wie oft brauchten Sie schon morgens ein alkoholisches Getränk, weil Sie vorher stark getrunken hatten?	Nie	Weniger als einmal im Monat	Einmal im Monat	Einmal in der Woche	Fast täglich
Wie oft haben Sie im letzten Jahr nach dem Alkoholtrinken Gewissensbisse gehabt oder sich schuldig gefühlt?	Nie	Weniger als einmal im Monat	Einmal im Monat	Einmal in der Woche	Fast täglich
Wie oft haben Sie sich nicht an die Ereignisse der Nacht zuvor erinnern können, weil Sie Alkohol getrunken hatten?	Nie	Weniger als einmal im Monat	Einmal im Monat	Einmal in der Woche	Fast täglich
Haben Sie sich oder einen anderen schon einmal verletzt, weil Sie Alkohol getrunken hatten?	Nein	Ja, aber nicht im letzten Jahr			Ja, im letzten Jahr
Hat Ihnen ein Verwandter, Freund oder Arzt geraten, Ihren Alkoholkonsum zu verringern?	Nein	Ja, aber nicht im letzten Jahr			Ja, im letzten Jahr

Über 8 Punkte: Alkoholabhängigkeit wahrscheinlich.

In der klinischen Praxis kann es sinnvoll sein, um den Betreffenden nicht zu sehr zu konfrontieren, den AUDIT in eine allgemeine Befragung zum Gesundheitsverhalten einzubeziehen, in dem u. a. auch gefragt wird nach (Wetterling und Veltrup 1997):

- Ernährungsweise (z. B. Zeitpunkt der Hauptmahlzeit, bevorzugte Speisen und Getränke, bewusste Ernährungsgewohnheiten (kalorienarm, Ballaststoffe etc.))
- Sportliche Aktivitäten, auch Gymnastik und Entspannungsübungen
- Schlafgewohnheiten
- Konsum von Alkohol, Nikotin und Süßigkeiten

8.3 Laborparameter als »Alkoholmarker«

8.3.1 Alkoholkonzentration im Blut bzw. der Atemluft

Eine Bestimmung der Konzentration von Alkohol im Blut (Blutalkoholkonzentration BAK) ist das Verfahren der Wahl, um auch bei forensischen Fragestellungen, z. B. bei verunfallten Verkehrsteilnehmern oder bei Straftätern den akuten Alkoholisierungsgrad zu erfassen. Die Bestimmung der BAK ist auch bei Krankenhausaufnahmen aufgrund von Verhaltensauffälligkeiten (z. B. Erregungszuständen) oder unklaren Bewusstseinsstörungen oft diagnostisch wegweisend. Die Bestimmung der BAK gilt als die beste Methode, einen aktuell erhöhten Alkoholkonsum festzustellen. Da Alkohol im Körper innerhalb weniger Stunden abgebaut wird, ist häufig, wenn im Nachhinein die BAK ermittelt werden soll, eine Rückrechnung der BAK notwendig. Hierfür sind in der Gerichtsmedizin entsprechende Berechnungsformeln entwickelt worden (Gilg 1995). Aber selbst bei hohen Ausgangswerten ist wegen des schnellen Abbaus (etwa 0,15 g/100 ml) oft schon nach einigen Stunden keine BAK mehr nachweisbar. Die BAK ist abhängig von der aufgenommenen Trinkmenge, dem

Körpergewicht, Geschlecht sowie vom Alter und der Nahrungsaufnahme. Die Alkoholkonzentration im Körper kann auch bestimmt werden durch Messung der Alkoholkonzentration in der Atemluft ((AAK) mit hierfür zugelassenen Geräten), denn über die Alveolen der Lunge wird Alkohol aus dem Blutkreislauf an die Ausatemluft abgegeben.

8.3.2 »Alkoholmarker«

Es sind eine Reihe laborchemischer Parameter daraufhin untersucht worden, ob und inwieweit zur Absicherung der Diagnose eines erhöhten Alkoholkonsums herangezogen werden können. Als »Alkoholmarker« gelten u. a.:

1. Gamma-Glutamyl-Transferase (γ-GT)
2. Mikrokorpuläres Volumen der Erythrozyten (MCV)
3. Carbohydrate-deficient Transferrin (CDT)

Merke:
Keiner dieser »Alkoholmarker« ist für ein Screening, z. B. aller Krankenhausaufnahmen auf einen erhöhten Alkoholkonsum, wegen der zahlreichen Fehlermöglichkeiten und insbesondere des erforderlichen längeren »konstanten« Alkoholkonsums hinreichend geeignet (▶ Tab. 8.2). Ein Vergleich der unterschiedlichen »Alkoholmarker« zeigt (Wetterling und Kanitz 1997), dass CDT die höchste Spezifität der oben genannten Alkoholmarker zeigt. Deren Sensitivität, d. h. Erkennungsrate in unausgewählten Bevölkerungsstichproben, ist aber nur niedrig.

8.3 Laborparameter als »Alkoholmarker«

Tab. 8.2: Vergleich einiger Laborparameter für die Diagnose eines länger erhöhten bzw. akuten Alkoholkonsums

	Normalbereich	positiv nach 60 g Alkohol/ täglich	Normalisierung nach Absetzen*	Falsch positive Ergebnisse bei
γ-GT	< 28 U/l	> 21 Tage*	14–60 Tage	Lebererkrankungen Antikonvulsiva Medikamente Nikotinabusus Diabetes
MCV	< 95 mm³	> 42 Tage*	60–90 Tage	Folsäuremangel Vitamin B12-Mangel Lebererkrankungen Nikotinabusus
CDT	< 20 U/l Männer < 26 U/l Frauen	14–21 Tage*	~ 14 Tage	nonalkoholische Lebererkrankungen Schwangerschaft Eisenmangel
EtG	< 0,145 mg/l	1 Std.	ca. 72 Std.	Marihuana-Konsum, Nierenerkrankung

* nicht selten falsch negative Ergebnisse

In den letzten Jahren sind noch eine Reihe von weiteren laborchemisch erfassbaren Veränderungen bei erhöhtem Alkoholkonsum beschrieben worden. Die Bestimmung dieser Parameter kann aber meist nur in Speziallabors erfolgen. Nur das Ethylglucoronid (EtG), das beim Abbau von Alkohol im Körper entsteht (► Abb. 3.1), hat etwas breitere Verwendung als zuverlässiger Rückfallmarker gefunden (AWMF 076-001, 2016; Wetterling et al. 2014).

8.4 Klinische Diagnostik

Wenn ein Patient in Behandlung kommt und im Gespräch oder im Screening ein Alkoholproblem erkennbar wurde, ist die Frage zu klären, wie schwerwiegend dieses ist. Dies ist häufig sehr schwierig, da die Angaben der Betroffenen ungenau sind bzw. ein hoher Alkoholkonsum negiert wird. Eine Verleugnungs- und/oder Bagatellisierungstendenz (»Alle trinken Bier«) ist im Frühstadium einer Abhängigkeit sehr häufig, sodass weitere Informationsquellen zur Stellung der Diagnose herangezogen werden sollten.

Klinische Befunderhebung

In der täglichen Praxis ist es u. a. wegen des hohen Zeitaufwands oft nicht möglich, standardisierte Instrumente (z. B. diagnostische Interviews) zu verwenden, sondern die Ergebnisse der klinischen Untersuchung zur Diagnosestellung heranzuziehen. In der Untersuchung ist bei Verdacht auf eine Alkoholkrankheit besonders auf folgende Zeichen zu achten:

- Alkoholgeruch
- gerötete Konjunktiva
- aufgedunsenes Gesicht (häufig gelblich-blasser Hautkolorit)
- Zittern der Hände (Tremor)
- Gangunsicherheit (etwas breitbeinig, tapsig (Polyneuropathie))
- erhöhte Schweißneigung
- typischer Habitus (»Bierbauch« – Kontrast zur Muskelatrophie an Beinen)
- erhöhte Reizbarkeit, verminderte Impulskontrolle

Da Patienten mit Alkoholproblemen meist eine Vielzahl von psychischen und körperlichen Symptomen aufweisen, die oft nicht sicher diagnostisch einzuordnen sind, empfiehlt es sich, um nicht wichtige Aspekte bei der Behandlungsplanung zu übersehen, alle Symptome mit Schweregrad auf einem Befundbogen zusammenzufassen. Da soziale Beeinträchtigungen einen Einfluss auf das Trinkverhalten und auf die Fähigkeit abstinent zu bleiben haben können, sollten sie ebenfalls miterfasst werden.

9

Therapie und Prävention

Da der Alkoholkonsum in Deutschland einerseits sehr verbreitet ist, anderseits aber viele durch Alkoholtrinken verursachte Folgen, sowohl gesundheitlicher als auch sozialer und juristischer Art bekannt sind, stellt sich die Frage, wer einer alkoholspezifischen Therapie bedarf und welche Möglichkeiten einer Prävention es gibt.

Noch eine Reihe weiterer Fragen stellen sich in diesem Zusammenhang:

* Welche Therapieangebote gibt es für Alkoholkranke und wie oft werden sie in Anspruch genommen? (▶ Kap. 9.1)
* Welche Therapieziele sollten in einer Therapie erreicht werden? (▶ Kap. 9.2)

- Mit welcher Art von Therapie können bestimmte Therapieziele erreicht werden? (▸ Kap. 9.2–9.4)
- Gibt es Indikatoren für einen erfolgreichen Therapieabschluss?

9.1 Versorgungsaspekte

9.1.1 Allgemeine medizinische Versorgung

Die Therapieangebote für Alkoholkranke weisen in Deutschland große regionale Unterschiede auf.

Der weitaus größte Teil der Alkoholabhängigen wird nur hausärztlich versorgt. Etwa 11 % der Patienten in der Allgemeinpraxis haben ein Alkoholproblem (Rehm et al. 2015c). Anlass für das Aufsuchen des Hausarztes sind in der Regel körperliche Erkrankungen, darunter sind häufig Alkoholfolgeerkrankungen (▸ Kap. 5). Etwa 300.000 Alkoholkranke wurden 2017 ambulant in Beratungsstellen etc. bzw. in psychiatrischen Institutsambulanzen betreut (Drogen- und Suchtbericht 2019, S. 16–17). Selbsthilfegruppen besuchten etwa 70.000 Alkoholkranke oder Angehörige. Der Anteil der Angehörigen, die Selbsthilfegruppen aufsuchen, ist in den letzten Jahren zurückgegangen (Drogen- und Suchtbericht 2019, S. 23).

In Deutschland waren 2017 etwa 314.000 Krankenhausaufenthalte durch Alkohol bedingt (Drogen- und Suchtbericht 2019, S. 18). Bei einem erheblichen Anteil (etwa einem Drittel) lag eine Alkoholintoxikation vor. Bei Jugendlichen war eine Alkoholintoxikation der bei weitem häufigste Grund für eine Aufnahme (N = etwa 15.000). Andere Berechnungen, die alkoholbedingte Erkrankungen mitbeziehen, kamen für 2012 auf rund 530.000 Krankenhausaufnahmen (DKFZ 2017, S. 52). Davon waren etwa 70 % Männer. Bei beiden Geschlechtern machten alkoholbedingte psychische und Verhaltensstörungen den bei weitem größten Anteil (etwa 65 % bei den Männern und 60 % bei den Frauen) aus. Es folgten nach der Häufigkeit: Erkrankungen des

Verdauungssystems und der Leber, Krebs-, neurologische und Herz-/ Kreislauferkrankungen (DKFZ 2017, S. 53). In psychiatrischen Kliniken sind etwa 40 % der Aufnahmen alkoholkrank. Dabei überwiegen männliche Patienten deutlich.

9.1.2 Inanspruchnahme von alkoholspezifischer Hilfe

Über die Inanspruchnahme alkoholspezifischer Hilfe liegen v. a. ältere Studien vor, da die Durchführung entsprechender Untersuchungen aufwendig und kostspielig ist. Eine repräsentative Erhebung in Deutschland zeigte, dass etwa 60 % der Alkoholabhängigen in ihrem gesamten Leben noch keinen Kontakt zu suchtspezifischer Hilfe hatten (Rumpf et al. 2000), obwohl etwa 75 % aller Alkoholkranken mindestens einmal im Jahr einen Arzt aufsuchen. Bei diesem Arztbesuch spielt die Alkoholproblematik aber nur eine untergeordnete Rolle und eine suchtspezifische Beratung oder Behandlung finden meist nicht statt. Allgemeinärzte diagnostizieren eine Alkoholabhängigkeit besonders häufig dann, wenn eine körperliche alkoholbedingte Erkrankung (▶ Kap. 5) vorliegt (Rehm et al. 2015a). Nur etwa 17 % der als alkoholkrank Diagnostizierten erbaten eine alkoholspezifische Hilfe, Frauen deutlich seltener als Männer (Rehm et al. 2015c). Nach einer naturalistischen Studie (Weber et al. 1999) ist davon auszugehen, dass suchtspezifische Hilfen von Alkoholkranken relativ wahllos nach vorwiegend subjektiven Gesichtspunkten in Anspruch genommen werden. Ältere Alkoholkranke nutzen suchtspezifische Hilfsangebote kaum, obwohl sie gute Erfolgschancen in einer Therapie haben (Dauber et al. 2018).

Zu einer weitergehenden Hilfe hatten in Deutschland nur etwa ein Viertel der Alkoholabhängigen jemals Kontakt gehabt. Bei Alkoholmissbrauchern war die Inanspruchnahme suchtspezifischer Hilfe sehr gering (Rumpf et al. 2000; Rehm et al. 2015b). Der eigentliche »Königsweg« einer Therapiekette (ambulante Beratung, geplante stationäre Entzugs- und Entwöhnungstherapie sowie Nachsorge) wird nur von wenigen Alkoholkranken beschritten. In Deutschland wurden

2018 nur etwa 26.700 stationäre Entwöhnungsbehandlungen in Alkohol-Fachkliniken und etwa 8.100 ambulante Therapien durch die Deutsche Rentenversicherung bewilligt (Drogen- und Suchtbericht 2019, S. 20). Dies entspricht nur etwa 2 % der Alkoholabhängigen in Deutschland. Fast 20 % der Alkoholabhängigen, die eine stationäre Entwöhnungsbehandlung genehmigt bekommen haben, treten diese nicht an (BUSS 2011). Die in alkoholspezifischen Therapieeinrichtungen Behandelten haben meist große Mengen Alkohol konsumiert und weisen oft körperliche Folgeerkrankungen und/oder eine psychiatrische Komorbidität (v. a. depressive und Angststörungen) auf. Sie sind häufig in den letzten sechs Monaten vorher in einer somatischen/psychiatrischen Klinik behandelt worden (Rehm et al. 2015a).

Es ist davon auszugehen, dass zwischen zwei Drittel und drei Viertel der Alkoholabhängigen es ohne die Inanspruchnahme von suchtspezifischen Hilfen schaffen, zu remittieren. Unbehandelte Remissionen weisen eine hohe Stabilität auf. Je weniger ausgeprägt die Alkoholproblematik ist, desto wahrscheinlicher ist eine Remission ohne Hilfe. Verglichen mit aktuell Alkoholabhängigen wiesen Personen, die ohne Hilfe remittierten, eine schwerere Abhängigkeit und mehr soziale Ressourcen auf (Rumpf et al. 2009). Allerdings sind die Kriterien für eine Remission in verschiedenen Studien unterschiedlich und daher umstritten, v. a. bezüglich der Dauer der »Remission«.

Als wichtige Faktoren für eine erfolgreiche Beendigung der Alkoholabhängigkeit hat Vaillant (2003) in Langzeitstudien ermittelt:

- »Ersatzabhängigkeiten« (exzessive sportliche Betätigung, religiöse Gemeinschaft etc.)
- Ritualisierte Erinnerung an die Wichtigkeit einer Abstinenz (z. B. Besuch von Selbsthilfegruppen)
- Psychosoziale Unterstützung zur Reintegration
- Wiedererstarken des Selbstvertrauens

9.2 Therapieziele

Die Definition von adäquaten Therapiezielen für Alkoholkranke wird teilweise sehr kontrovers diskutiert:

Abstinenz

Wie in Kapitel 5 dargestellt, gibt es für fast alle Alkoholfolgeerkrankungen keine spezifische erfolgversprechende Behandlung. Wie eine amerikanische Studie von Alkoholabhängigen über drei Jahre zeigte, ist eine Abstinenz auch besser aufrecht zu erhalten als eine Trinkmengen-Reduzierung (Dawson et al. 2007). Zu dem gleichen Ergebnis kam auch eine Langzeitstudie über 50 bzw. 60 Jahre (Vaillant 2003). Daher ist die Erreichung einer Abstinenz das vorrangige Therapieziel, v. a. bei den zahlreichen Alkoholkranken mit körperlichen Folgeschäden oder psychiatrischer Komorbidität. Dieses ist aber für viele Alkoholkranke nicht direkt erreichbar (Mann et al. 2017; Bischof et al. 2019).

Daher sind auch andere Therapieziele zu betrachten, v. a.:

- Verringerung der Trinkmenge (Harm reduction)

In diesem Zusammenhang stellen sich v. a. diese Fragen:

- Wie konstant ist das Trinkverhalten?
- Gibt es eine Grenze, ab der eine Reduzierung der Trinkmenge von ärztlicher/therapeutischer Seite anzuraten ist?
- Für welche Gruppe von Alkoholkranken ist eine Trinkmengenreduzierung geeignet?

Eine Trinkmengen-Reduktion ist v. a. dann wirksam, wenn sie über einen längeren Zeitraum erfolgt. Hierzu ist zunächst das Trinkverhalten in der Allgemeinbevölkerung zu betrachten.

Verlaufsstudien zum Trinkverhalten ergaben unterschiedliche Ergebnisse. In einer britischen Untersuchung war das Trinkmuster im Verlauf von 28 Jahren relativ stabil (Knott et al. 2018). Eine spanische Studie zeigte dagegen häufigere Änderungen im Trinkmuster innerhalb von drei Jahren (Soler-Vila et al. 2014). Eine amerikanische Studie zeigte, dass im Langzeitverlauf auch längere Abstinenzphasen (drei Monate) bei Alkoholabhängigen auftreten (Schuckit et al. 1997). Eine andere Untersuchung ergab, dass im Drei-Jahresverlauf Alkoholabhängige, die längere Zeit abstinent geblieben sind, weniger »Rückfälle« zu hohen Alkoholmengen hatten als diejenigen, die ihre Trinkmenge nur reduziert hatten (Dawson et al. 2007). Ähnliche Ergebnisse ergaben auch die Nachbeobachtungen im Project MATCH (Maisto et al. 2018). Diese Daten legen nahe, dass bei Alkoholabhängigen das Trinkverhalten im Verlauf deutlichen Änderungen unterworfen ist. Daher ergibt sich die Frage, ab wann bei einer Trinkmengen-Reduzierung von einem »Therapieerfolg« gesprochen werden kann. In diesem Zusammenhang ist auf die Langzeitstudie über bis zu 60 Jahren von Vaillant (2003) zu verweisen, die ergab, dass es maximal 10 % der Alkoholabhängigen gelungen war, langfristig kontrolliert zu trinken (▶ Kap. 9.2.2). Dagegen zeigen Daten aus epidemiologischen Studien v. a. aus den USA, dass zumindest in einem kürzeren Zeitraum (< 5 Jahre) eine anhaltende Reduzierung des Alkoholkonsums möglich ist (Übersicht Bischof et al. 2019). Dies betraf aber überwiegend Personen mit einem riskanten Alkoholkonsum oder Missbrauch.

In den USA ist eine Verringerung der Trinkmenge schon länger ein akzeptiertes Therapieziel, da dadurch die Folgeschäden verringert werden können (»harm reduction«) (Marlatt et al. 2012). Diese Überlegungen basieren auf Daten einer Vielzahl epidemiologischer Studien (WHO 2000).

Die WHO hat auch ein Programm für das Therapieziel »Reduzierung der Trinkmenge« initiiert (WHO 2010). Eine australische Untersuchung hat gezeigt, dass die Kenntnis eines entsprechenden Programms zu einer Verringerung der Trinkmenge führt (Islam et al. 2019). Verlaufsbeobachtungen von Patienten, die an einer

Therapiestudie (COMBINE-Studie) teilgenommen haben, zeigten, dass es ein großer Teil derer, die während der Therapie ihre Trinkmenge reduzieren konnten, es geschafft haben, diese Reduktion über ein Jahr aufrechtzuerhalten (Witkiewitz et al. 2019). Es sind eine Reihe von diesbezüglichen Internet-basierten Therapieprogrammen entwickelt worden, da diese attraktiv sein können für Menschen, die Ängste bezüglich einer Therapie haben (▶ Kap. 9.4.2) und da diese meist überall bzw. jederzeit verfügbar sind (z. B. zuhause). Nach Übersichtsarbeiten (Kaner et al 2017; Riper et al. 2018) führen diese Programme bei vielen zu einer Trinkmengenreduzierung, aber für nur etwa 60 % der Fälle lagen ausreichende Daten vor. Die Ergebnisse mit Vergleichsgruppen sind dadurch eingeschränkt, dass diese meist deutlich mehr Alkohol konsumierten (Kaner et al. 2017).

Es sind auch einige Medikamente auf den Markt gekommen, die die Betroffenen bei der Reduzierung der Trinkmenge unterstützen sollen, aber die bisher durchgeführten Studien zeigen unterschiedliche Resultate, sodass ein Vergleich erschwert ist. Das Ergebnis hängt wahrscheinlich erheblich von den Studienbedingungen ab (Klemperer et al. 2018). Zur besseren Vergleichbarkeit der Studien mit Medikamenten wurden verschiedene Parameter vorgeschlagen: u. a. Reduzierung der Trinkmenge um eine oder zwei Stufe(n) in der WHO-Risikoskala (▶ Tab. 9.2) (Hasin et al. 2017).

Zu diesen Medikamenten zählen v. a. partielle Opiatrezeptoren-Agonisten wie Naltrexon und Nalmefene (Mann et al. 2016). Die meisten Studien wurden mit Naltrexon durchgeführt. Naltrexon beeinflusst v. a. die subjektive Wahrnehmung der Alkoholeffekte (Ray et al. 2019). Es reduziert das Craving nach Alkohol und die stimulierenden Effekte und verstärkt die sedierenden Effekte von Alkohol und negativen Gefühlen. Diese Effekte entsprechen nur zum Teil den von den Alkoholabhängigen erwarteten, die eher von Medikamenten eine »Substitution« der Alkoholwirkungen wünschen (Wetterling et al. 2001b). Eine solche Substitution ist aber aufgrund der vielfältigen pharmakologischen Wirkungen von Alkohol (▶ Kap. 4) im Gegensatz zu Opiaten medikamentös nicht möglich.

9.2 Therapieziele

Ein Vergleich der vorliegenden Studien mit Acamprosat, Baclofen, Nalmefene, Naltrexon und Topiramat hinsichtlich der Zielgröße gesamte Trinkmenge, also dem angestrebten Ziel bei der Trinkmengen-Reduzierung, ergab allenfalls geringe Effekte, sodass eine Empfehlung nicht ausgesprochen werden konnte (Palpacuer et al. 2018). Eine amerikanische Studie zeigte positivere Resultate, insbesondere für Naltrexon (Falk et al. 2019). Aber wie eine Befragung von Alkoholabhängigen nach einer Entgiftungsbehandlung zeigte, ist die Bereitschaft, längere Zeit (mehrere Monate) Medikamente zur Behandlung der Alkoholkrankheit einzunehmen, oft nur gering (Wetterling et al.1999a). Die Einnahme von Tabletten in Studien zur medikamentösen Unterstützung der Abstinenz sinkt im Zeitverlauf deutlich (Zweben et al. 2008).

In diesem Zusammenhang mit der Trinkmengen-Reduzierung wird auch kontrolliertes Trinken (= regelgeleitet-planvoller Alkoholkonsum) als Therapieziel genannt (Körkel 2015). Kontrolliertes Trinken als Therapieziel wird in Deutschland aber kontrovers diskutiert (Fleischmann 2014; Zimmermann 2014). Vor allem der Anteil derjenigen, die es schaffen, »kontrolliert« zu trinken, ist umstritten. Die Daten für das erste Jahr nach einer Therapie (COMBINE-Studie) zeigten sehr hohe Werte für ein kontrolliertes Trinken (Witkiewitz et al. 2019). Aber nach einer amerikanischen Langzeitstudie beträgt der Anteil derjenigen, die es geschafft haben, kontrolliert zu trinken, nur zwischen 1 % und 10,5 % (abhängig von dem sozialen Status) (Vaillant 2003). In der gleichen Größenordnung liegen die Ergebnisse von Studien im deutschsprachigen Raum (Küfner et al. 1988; Lesch 1985).

In der Diskussion über schädliche Wirkungen von Alkohol wird immer wieder argumentiert, dass ein »maßvoller« (moderater) Konsum (< 100 g Alkohol/Woche) eher gesundheitsfördernd sei und die Wahrscheinlichkeit, einen Herzinfarkt zu erleiden, herabsetzt und insgesamt die Mortalität verringert (Wood et al. 2018). Eine andere Studienübersicht kommt allerdings zu dem Ergebnis, dass unter Berücksichtigung von anderen Faktoren Alkoholkonsum die Gesamtmortalität nicht positiv beeinflusst (Stockwell et al. 2016).

Daher ist eine Reduktion der Trinkmenge für alle Personen mit einem gesundheitsschädlichen Alkoholkonsum (Männer > 24 g/Tag, Frauen > 16 g/Tag, AWMF 076-001, 2016) bzw. einem riskanten Konsum empfehlenswert bzw. geeignet (Bischof et al. 2019).

Erwartungen/Wünsche der Betroffenen an eine Therapie
Wichtig sind natürlich auch die Therapieziele der Betroffenen. Bisher gibt es nur wenige Untersuchungen, mit welchen Erwartungen Alkoholkranke eine alkoholspezifische Therapiemöglichkeit aufsuchen (Meyer et al. 2014; Schneider et al. 2004). Die Betroffenen haben bei genauerer Befragung differenzierte Vorstellungen über eine Therapie und deren Verlauf. So wünschen sie v. a. in der Therapie: eine Stärkung des Selbstbewusstseins zu erlangen, emotionale Unterstützung (bei ihren Problemen), Lernen, mit Rückfällen und dem Craving umgehen zu können (Schneider et al. 2004). Die Ziele bei Entlassung aus einer Entwöhnungstherapie unterscheiden sich von denen bei Therapiebeginn. Patienten mit dem Ziel Abstinenz bei Therapieende hatten nach einem Jahr die besten Therapieresultate (Abstinenz) (Meyer et al. 2014).

> **Merke:**
> Grundsätzlich haben die Therapieziele den »Zugangswegen«, auf denen Alkoholkranke in medizinische Behandlung bzw. in das Suchthilfesystem kommen, Rechnung zu tragen (▶ Kap. 9.1). So kommen viele Alkoholkranke als Notfälle (meist Alkoholintoxikation oder beginnende Entzugssymptomatik) oder wegen Alkoholfolgeerkrankungen in stationäre Behandlung oder gehen wegen körperlicher Beschwerden zum Hausarzt (Rehm et al. 2015b). In diesen Fällen steht die medizinische Behandlung im Vordergrund. Oft wird diese durch eine psychiatrische Komorbidität kompliziert. Hieraus ergibt sich eine mehr am therapeutischen Handeln orientierte Hierarchie von Interventionszielen bei Alkoholkranken (Schwoon 1992) (▶ Tab. 9.1).

Tab. 9.1: Interventionsziele bei Alkoholkranken

Interventionsziele	»Helfer«
1. Sicherung des Überlebens	Internisten, Psychiater etc.
2. Verhinderung von schweren körperlichen Folgeschäden	Hausärzte, Internisten etc.
3. Sicherung der sozialen Umgebung gegen Beeinträchtigungen	Sozialarbeiter, Psychiater
4. Verhinderung sozialer Desintegration	Sozialarbeiter, Suchthilfe
5. Ermöglichung längerer Abstinenzphasen	Hausarzt, Selbsthilfegruppe etc.
6. Einsicht in die Grunderkrankung	Hausarzt/Therapeut
7. Akzeptanz des eigenen Behandlungs- bzw. Hilfebedarfs	Hausarzt/Therapeut
8. Akzeptanz des Abstinenzziels	Hausarzt/Therapeut
9. Konstruktive Bearbeitung von Rückfällen	Hausarzt/Therapeut

Die ersten fünf Ziele dienen vor allem der Verringerung der Alkoholfolgeschäden (»harm reduction«). In Entwöhnungstherapien soll vor allem eine Einsicht in die Alkoholerkrankung und eine Rückfallvermeidung erreicht werden (Ziele 6–9). Angehörige, Freunde etc. können zur Erreichung der genannten Ziele beitragen (▶ Tab. 9.5).

9.2.1 Sicherung des Überlebens

Das Überleben von Alkoholkranken ist bei schweren körperlichen Folgeschäden, wie z. B. schwere Alkoholintoxikation, Ösophagusvarizenblutungen usw., oft akut bedroht. Ein erheblicher Teil derjenigen Patienten, die nach Suizidversuchen in eine Klinik kommen, haben vor dem Suizidversuch Alkohol getrunken (Wetterling und Schneider 2013). V. a. bei stark alkoholisierten Notfallpatienten stellt sich die

Frage, inwieweit diese noch einwilligungsfähig sind (Wetterling und Junghanns 2019). Meist wird aber die Frage der Einwilligungsfähigkeit erst gestellt, wenn der Betreffende z. B. einer notwendigen ärztlichen Maßnahme nicht zustimmt.

Die Frage einer zwangsweisen Behandlung (nach den psychiatrischen Unterbringungsgesetzen) (▶ Kap. 6.7.2) stellt sich vor allem dann, wenn eine akute Eigen- oder Fremdgefährdung bzw. keine Einwilligungsfähigkeit besteht (Wetterling und Junghanns 2019), z. B. bei

- akuter Suizidalität (Wetterling und Schneider 2013)
- Delir oder Korsakoff-Syndrom (Selbstgefährdung durch Desorientiertheit) (Junghanns und Wetterling 2017)
- einer alkoholinduzierten Psychose, insbesondere bei einer Alkoholhalluzinose (Junghanns und Wetterling 2017)

Auch eine adäquate Behandlung des Alkoholentzugs ist angesichts der zahlreichen möglichen Komplikationen (▶ Kap. 9.3.3) im weiteren Sinn zu den Maßnahmen zu zählen, die das Überleben sichern.

9.2.2 Verhinderung von schweren körperlichen Folgeschäden

Zur Vermeidung des Eintritts bzw. der Verschlechterung einer körperlichen Schädigung bei einer alkoholbedingten Folgeerkrankung (z. B. Pankreatitis, Fettleber etc. (▶ Kap. 5)) sind Interventionen mit dem kurzfristigen Ziel einer Alkoholkarenz bzw. wenn dies nicht möglich ist, einer deutlichen Trinkmengenreduzierung und langfristig der Erreichung einer Abstinenz notwendig, denn die Folgeschäden sind v. a. abhängig von der Trinkdauer und -menge (Wetterling et al. 1999b; Zhou et al. 2016). Das Neuauftreten von Erkrankungen ist oft der Anlass für Alkoholabhängige über 45 Jahre ihren Alkoholkonsum zu beenden (Sarich et al. 2019). Diese Studien zeigen, dass wenn bei einer neu diagnostizierten körperlichen Erkrankung der Verdacht auf eine Alkoholerkrankung als (eine) mögliche Ursache besteht, ärztlicherseits das Thema Alkohol gezielt angesprochen werden sollte (▶ Kap. 9.3.1) und ggf. Hilfen zur Beendigung eines riskanten Alkoholkonsums aufgezeigt werden sollten.

Nach einer repräsentativen Befragung in Deutschland ist Rauschtrinken sehr verbreitet: etwa 25 % hatten angegeben, mindestens einmal im letzten Monat fünf oder mehr alkoholische Getränke getrunken zu haben (DKFZ 2017, S. 53). Das Rauschtrinken (»binge drinking«) von Personen, die noch nicht alkoholabhängig sind, führt nicht selten zu körperlichen Schäden, insbesondere wegen des deutlich erhöhten Unfallrisikos (Seid et al. 2015). Die WHO (2000) hat die Trinkmengen angegeben, bei denen bei einmaligem Konsum akute alkoholbedingte Probleme zu erwarten sind (▶ Tab. 9.2).

Tab. 9.2: Risiko akuter alkoholbedingter Probleme in Abhängigkeit von der Trinkmenge bei einmaligem Konsum (Quelle: EMA 2010; WHO 2000)

	Männer (g Alkohol/Tag)	Frauen (g Alkohol/Tag)
Niedriges Risiko	1–40	1–20
Mittleres Risiko	41–60	21–40
Hohes Risiko	61+	41–60

Daten einer Vielzahl epidemiologischer Studien (WHO 2000) zeigen ein mit der durchschnittlich täglich konsumierten Alkoholmenge assoziiertes erhöhtes Risiko von Alkoholfolgeschädigungen. Die WHO (2000) hat daher eine Stadieneinteilung für das Risiko für Alkoholfolgeerkrankungen vorgeschlagen (▶ Tab. 9.3).

Da davon auszugehen ist, dass viele Alkoholkranke, für die eine Trinkmengen-Reduktion als Therapieziel eine Option darstellt, schon alkohol-bedingte körperliche Schädigungen und/oder soziale Beeinträchtigungen haben, ist es schwierig einen Zielwert für die Trinkmenge festzulegen. Sie sollte zumindest eine Risikogruppe in der WHO-Tabelle (▶ Tab. 9.3) niedriger sein als vorher.

Tab. 9.3: Risiko (körperlicher Folgeerkrankungen) in Abhängigkeit von der Trinkmenge bei chronischem Konsum (Quelle: EMA 2010; WHO 2000)

	Männer (g Alkohol/Tag)	Frauen (g Alkohol/Tag)
Niedriges Risiko	1–40	1–20
Mittleres Risiko	41–60	21–40
Hohes Risiko	61–100	41–60
Sehr hohes Risiko	101+	61+

Eine Übersicht über Studien (Charlet und Heinz 2017), die Interventionen mit dem Ziel einer Reduktion des Alkoholkonsums untersucht haben, konnte zeigen, dass dadurch folgende Effekte erreicht werden konnten:

- Rückgang der Zahl der alkohol-bedingten Unfälle
- Bessere Rückbildung der Herzfunktion bei alkohol-bedingten Kardiomyopathie
- Normalisierung der laborchemischen Alkoholmarker
- Reduzierung des Blutdrucks und des Körpergewichts
- Verringerung der Leberschädigung
- Weniger Alkoholentzugssymptome
- Reduzierung der Phasen bei psychiatrischer Komorbidität und weniger diesbezügliche stationäre Behandlungen
- Verbesserung der ängstlichen und depressiven Symptomatik
- Stärkung des Selbstbewusstseins
- Verbesserung des subjektiven Gesundheitsempfindens und der Lebensqualität
- Weniger psychosoziale Komplikationen

9.2.3 Sicherung der sozialen Umgebung gegen Beeinträchtigungen

Häufig leiden besonders die Angehörigen unter der Alkoholabhängigkeit, z. B. durch die Gewalttätigkeit des Alkoholkranken (▶ Kap. 6.2). Betroffen sind meist die Partnerinnen bzw. weiblichen Familienangehörigen (Seid et al. 2015; Stanesby et al. 2018). Männliche Alkoholkranke werden am ehesten durch andere Alkoholkranke – vor allem im öffentlichen Raum – geschädigt (Stanesby et al. 2018). Oft sind Personen betroffen, die schon als Minderjährige Opfer von Schädigungen (v. a. körperlicher oder sexueller Gewalt) durch andere waren (Kaplan et al. 2018).

Tab. 9.4: Mögliche Unterstützungsmaßnahmen für Angehörige Alkoholabhängiger in Notfall- und Krisensituationen

Problem	Maßnahme
Ist die körperliche oder psychische Gesundheit des Angehörigen akut gefährdet? (z. B. Gewaltandrohung oder manifeste Gewalt)	Notfallmaßnahmen initiieren, insbesondere konkrete Absprachen treffen, wie sie die Gefahr für ihr eigenes Leben minimieren können, z. B. zeitweise »Unterkommen« bei anderen Familienmitgliedern oder Freunden oder auch in einem Frauenhaus
Ist die körperliche oder psychische Gesundheit des/der Kinder akut gefährdet?	Benachrichtigung des zuständigen Jugendamtes oder der Kindernothilfe
Bestehen bei den Angehörigen körperliche Erkrankungen, psychosomatische Störungen oder psychische Beeinträchtigungen, die behandlungsbedürftig sind?	Gezielte Behandlungsplanung für Angehörige/Kinder

Die Lebenspartner von Alkoholabhängigen können sich oft nicht entscheiden, ihre eigenen Erkrankungen und auch Verletzungen, seien sie nun unabhängig von der Suchtproblematik oder in einem

Zusammenhang damit stehend, adäquat behandeln zu lassen. Sie fürchten, dass im Falle ihrer Abwesenheit der Abhängige seinen Alkoholkonsum noch weniger kontrollieren kann und sich »zu Tode trinkt«. In entsprechenden Fällen sollten nach Möglichkeit frühzeitig Maßnahmen für Notfälle, z. B. von den Hausärzten, klar mit den Angehörigen abgesprochen werden (▶ Tab. 9.4). Durch alkoholbedingte Unfälle und Gewalttätigkeit werden auch Dritte geschädigt (Kraus et al. 2019; Seid et al. 2015). Nach der polizeilichen Kriminalstatistik werden in Deutschland insbesondere Gewaltstraftaten oft unter Alkoholeinfluss begangen (DKFZ 2017, S. 64). Zur Verhinderung von unfallbedingten alkoholbedingten Folgeschäden hat der Gesetzgeber in Deutschland Regelungen eingeführt: v. a. die sogenannte Promillegrenze zum Führen von Kraftfahrzeugen (▶ Kap. 6.7.3).

9.2.4 Verhinderung sozialer Desintegration

Alkoholkranke zerstören häufig durch ihre weitgehend auf den Alkoholkonsum eingeengten Lebensweise wichtige soziale Kontakte, da sie diese oft sehr einschränken bzw. völlig vernachlässigen. Sie fallen auch durch erhöhten Alkoholkonsum, v. a. Trinken am Arbeitsplatz bzw. vor der Arbeit oder in der Öffentlichkeit auf und rufen damit Reaktionen in ihrem sozialen Umfeld hervor (z. B. Abmahnung, Kündigung) (Seid et al. 2015). Auch enthemmtes Verhalten (»Herumpöbeln«, Distanzlosigkeit etc.) führt zu oft heftigen negativen Reaktionen im sozialen Umfeld. Eine solche Entwicklung kann bis hin zur sozialen Desintegration (Scheidung, Arbeits- und Wohnungslosigkeit) führen.

Therapieziel ist hier, rechtzeitig einer entsprechenden Negativspirale vorzubeugen. Es bedarf zur Verhinderung der sozialen Desintegration v. a. der Einleitung sozialarbeiterischer Maßnahmen, z. B. durch eine betriebliche oder Gemeinde-Suchtkrankenhilfe. Auch die Anbindung an eine Selbsthilfegruppe kann unterstützend wirken.

9.2 Therapieziele

Interventionen zur Stützung von Angehörigen sind ebenfalls zur Verhinderung einer sozialen Desintegration wichtig. Ein vorhandenes soziales Umfeld ist nach Möglichkeit zu erhalten, denn dies ist für den Alkoholkranken in der Regel in vielfacher Weise hilfreich. Angehörige können den Betroffenen zu einer Änderung seines Trinkverhaltens motivieren (▶ Tab. 9.5). Dazu ist aber zunächst zu betrachten, ob und wie die Angehörigen psychisch von der Alkoholkrankheit mitbetroffen sind. Im Wesentlichen sind drei typische Reaktionsweisen von Familienangehörigen mit Alkoholkranken zu unterscheiden:

1. Das Alkoholtrinken des Familienmitglieds wird schuldhaft verarbeitet. Die Angehörigen machen sich Vorwürfe, weil sie glauben, den erhöhten Alkoholkonsum provoziert zu haben, z. B. durch mangelnde Unterstützung. Sie reagieren überbeschützend und verzeihend und scheuen sich, über ihre psychischen und körperlichen Verletzungen, insbesondere durch die Gewalttätigkeit des Alkoholkranken offen zu sprechen. Hierbei handelt es sich oft um die Mütter der Betroffenen oder Personen, die einen alkoholabhängigen Elternteil haben.
2. Einige reagieren mit Enttäuschung, Resignation und Hilflosigkeit, insbesondere nach Rückfällen. Sie hoffen, dass der Betroffene irgendwann das problematische Trinken einstellt und unternehmen häufig wenig, um ihre Situation zu ändern.
3. Andere drohen massive Konsequenzen (zeitweiser Trennung oder Scheidung) an, um so den Alkoholkranken zu bewegen, sich um Abstinenz zu bemühen.

V. a. die beiden ersten Reaktionsweisen sind wenig geeignet, den Alkoholabhängigen dazu zu motivieren, sich mit seiner Suchtproblematik aktiv auseinanderzusetzen. Dem Angehörigen sollte das Gefühl vermittelt werden, dass er nicht schuld an der Abhängigkeit des anderen ist, aber durchaus in der Lage ist, dem Abhängigen zu helfen. Angehörige sind häufig sehr viel früher als die Alkoholkranken bereit, etwas zu verändern. Sie sollten in diesem Bemühen unterstützt werden. Hierzu zählen Maßnahmen, die auch der Schadensbegrenzung im psychosozialen Umfeld dienen (▸ Kap. 9.2.3). Angehörige sollten über Hilfsangebote für Krisenfälle und über Selbsthilfegruppen (z. B. ALANON) informiert werden.

Die Kinder von Alkoholkranken sind häufig von der Alkoholabhängigkeit ihres Vaters und/oder ihrer Mutter betroffen, z. B. durch einen unsteten Erziehungsstil. Auch nutzen die Eltern die Kinder oft als Objekte von Verwöhnen und Aggression sowie in der Auseinandersetzung miteinander. Körperliche Gewalt gehört in vielen Familien von Alkoholkranken zur gewohnten Erfahrung. Manchmal müssen die Kinder die Rollenfunktion des Partners oder eines Elternteils übernehmen. Die Kinder von Alkoholabhängigen neigen dazu, die Alkoholproblematik ihres Vaters oder ihrer Mutter zu verleugnen. Ihre Freunde und Schulkameraden sollen nicht erfahren, dass ein Elternteil vermehrt Alkohol trinkt. Diese Kinder verfügen meist über ein niedriges Selbstwertgefühl. Bei diesen Kindern lassen sich oft psychische Auffälligkeiten diagnostizieren. Diese führen zu einem im Jugend- und Erwachsenenalter erhöhten Risiko für die Entwicklung einer eigenen Suchtproblematik.

Tab. 9.5: Unterstützende Maßnahmen für Angehörige Alkoholkranker

Problem	Maßnahme
Haben die Angehörigen den Wunsch, das alkoholabhängige Familienmitglied zur Inanspruchnahme von Hilfe zu motivieren?	Wiederholte Hinweise auf die Diskrepanz zwischen Realität und Zukunftsverstellung Unterstützung bei der Suche nach Therapiemaßnahmen anbieten
Bestehen Schwierigkeiten in Familie und Partnerschaft auch bei Aufrechterhaltung von Abstinenz?	Familien- oder paartherapeutische Maßnahmen Nach Hilfen bei den Jugendämtern fragen
Ist es zu einem Wiedertrinken nach einer Phase der Abstinenz gekommen?	Vermeiden von Schuldvorwürfen Fördern von »alkoholfreien« gemeinsamen Aktivitäten

9.2.5 Ermöglichung längerer Abstinenzphasen/ Rückfallprävention

Um dem Alkoholkranken ein gesundes Überleben zu ermöglichen und sein Vertrauen in die eigene Handlungsfähigkeit (Kompetenz) zu stärken, ist es notwendig, den Betreffenden auch zu unterstützen, wenn dieser schon abstinent ist. Hierfür ist es vor allem wichtig, Rückfällen vorzubeugen. Das Konzept der Rückfallprävention wurde von Marlatt und Gordon (1985) entwickelt und von Marlatt und Donovan (2005) erweitert.

Dieses Konzept geht davon aus, dass es im normalen sozialen Umfeld immer wieder zu Hochrisikosituationen kommen kann (z. B. wenn der Betreffende alkoholtrinkende »fröhliche« Menschen sieht).

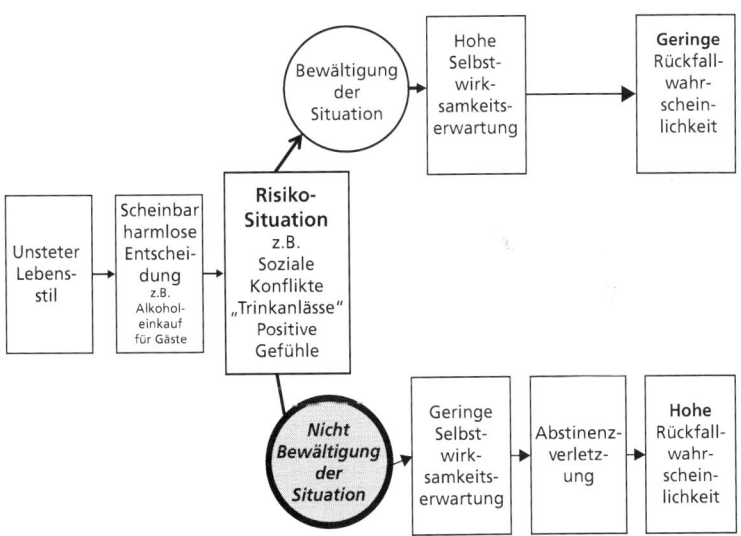

Abb. 9.1: Rückfall-Modell (in Anlehnung an Marlatt und Gordon 1985)

In diesem Zusammenhang ist es wichtig, die Faktoren zu analysieren, die einen Rückfall begünstigen. Eine diesbezügliche Literaturübersicht (Sliedrecht et al. 2019) zeigte, dass Rückfälle besonders häufig auftreten, wenn einer oder mehrere der folgenden Faktoren vorliegen:

* psychiatrische Komorbidität, insbesondere Angst- und depressive Störungen (Driessen et al. 2001)
* Schweregrad der Alkoholabhängigkeit
* Craving
* Gebrauch anderer psychotroper Substanzen
* gesundheitliche und soziale Faktoren

Eine Abstinenz wurde nach dieser Literaturübersicht begünstigt durch:

* unterstützende soziale Netzwerke
* Selbstvertrauen und
* lebenssinn-stiftende Faktoren (z. B. neue Arbeit, Beziehung etc.)

Als weitere Faktoren für ein hohes Rückfallrisiko werden in der Literatur genannt:

* fehlende Abstinenzmotivation
* familiäre Belastung
* geringe soziale Integration
* niedriger sozialer Status
* geringe Intelligenz bzw. kognitive Störungen, v. a. Gedächtnisstörungen
* Alter < 40 Jahre

Als günstige Prognosefaktoren gelten:

* gute soziale Integration (erhaltener Arbeitsplatz, intakte Partner- bzw. familiäre Beziehungen)

Eine sehr wichtige Rolle spielt auch die aktuelle »Befindlichkeit« des Betreffenden. So werden nach Rückfällen oft negative Emotionen

9.2 Therapieziele

(Depression, Frustation, Enttäuschung, innere Anspannung, Unruhe, Ärger sowie eine schwierige Lebenssituation und Einsamkeit und auch Ängste) als Gründe genannt (Bachmeier et al. 2019). D. h. bei Rückfällen handelt es sich häufig um einen Prozess habitualisierter rascher und unreflektivierter Absichtsbildung zur »Abwendung« bzw. »Verbesserung« eines emotional belastenden Zustandes. Bei einer erreichten Abstinenz sollten daher Strategien mit dem Betreffenden entwickelt werden, wie er ohne Alkoholkonsum mit negativen Emotionen bzw. entsprechenden Situationen umgehen kann bzw. wo er sich bei deren Auftreten schnell holen kann (z. B. Selbsthilfegruppe). Oft werden auch Langeweile (Wetterling et al. 2001b) und Schlafstörungen als Grund für einen Rückfall angegeben (▶ Kap. 5.1). In diesen Fällen sollte eine Anleitung zur Tagesstrukturierung erfolgen. Bei der Erarbeitung der oben genannten Maßnahmen sollten v. a. die Vorschläge, die vom Betreffenden selbst kommen, aufgegriffen und gefördert werden (▶ Kap. 9.5.4). Weiter ist bei Schlafstörungen eine Beratung hinsichtlich schlafhygienischer Maßnahmen sinnvoll (Wetterling et al. 2002b).

Es sind einige Therapieprogramme für die Vermeidung von Rückfällen entwickelt worden, z. B. ein modular aufgebautes »Strukturiertes Trainingsprogramm zur Alkohol-Rückfallprävention«(STAR) (Körkel und Schindler 2020). Einige diesbezügliche Programme sind auch über Internet bzw. Smartphone abrufbar. Nur wenige davon sind hinreichend evaluiert (Watkins und Sprang 2018).

Nicht selten wird bei erreichter (temporärer) Alkoholabstinenz von den Betreffenden eine »Suchtverschiebung« angegeben, d. h. sie konsumieren v. a. in der frühen Abstinenz vermehrt andere psychotrop wirksame Stoffe und/oder Süßigkeiten (Junghanns et al. 2000; 2005). Teilnehmer an Anonymen Alkoholikergruppen gaben noch nach längerer Abstinenz einen erhöhten Kaffeekonsum und vermehrt Rauchen an (Reich et al. 2008). Die Alkoholkranken, die nach der Entgiftung vermehrt andere psychotrope Substanzen konsumiert hatten, wurden früher rückfällig (Junghanns et al. 2005). Die Zusammenhänge zwischen Alkoholtrinken und Rauchen sind komplex (Roche et al. 2016). So zeigen Studien, dass wenn das Rauchen reduziert wurde, sich das Risiko für einen Alkoholrückfall verringert (Friend und Pagano 2005). Andere Studien haben nachgewiesen, dass es möglich ist, in einer Alkoholentzugsbehandlung das Rauchen zu reduzieren oder ganz zu beendigen, ohne dass es vermehrt zu Trinkrückfällen kommt.

Angehörige können den Alkoholkranken zur Aufrechterhaltung der Abstinenz motivieren, in dem sie in den alkoholfreien Intervallen dem Alkoholkranken positive Rückmeldung geben und gemeinsame Aktivitäten planen, die mit einem Alkoholkonsum unvereinbar sind. Hierzu wurde modular aufgebautes Traingsprogramm (Community Reinforcement and Family Training »CRAFT«) für Angehörige von Alkoholkranken entwickelt (Smith und Meyers 2009). Auch kann ein »Vertrag« zwischen Alkoholkranken und Angehörigen abgeschlossen werden, die Abstinenz oder ein reduziertes Trinken vorsieht. In dem schriftlichen Vertrag sollte auch festgelegt sein, was im Falle eines Wiedertrinkens geschehen sollte. Eine Reihe von Medikamenten ist daraufhin untersucht worden, ob und inwieweit sie bei Alkoholkranken längere Abstinenzphasen ermöglichen können (► Kap. 9.2.2).

Hinsichtlich einer Rückfallprävention waren bei Acamprosat und Naltrexon allenfalls moderate Effekte festzustellen (Mutschler und Soyka 2017). Sie sind daher nur zur Unterstützung der Aufrechterhaltung einer Abstinenz nach einer Therapie geeignet (AWMF 076-001, 2016), denn die Zahl der durch Einnahme der Medikamente erreichten Abstinenztage ist begrenzt (Rösner et al. 2010; 2011). Zudem ist zu berücksichtigen, dass die Bereitschaft zur dauerhaften Einnahme solcher Medikamente meist gering ist (Wetterling et al. 2001b). Disulfiram, das den Abbau von Acetaldehyd hemmt und dadurch starke aversive Reaktionen beim Trinken von Alkohol hervorruft, wird als ultima ratio angesehen, wenn auf andere Weise keine Abstinenz erreicht werden kann. Disulfiram ist aber in Deutschland nicht zugelassen.

Auch andere Medikamente u. a. Antidepressiva, Antikonvulsiva, Antipsychotika etc. sind hinsichtlich einer Reduktion der Trinkmenge bzw. Aufrechterhaltung einer Abstinenz untersucht worden

(Akbar et al. 2018). Die in klinischen Studien ermittelten Ergebnisse sind heterogen. Antidepressiva haben nur einen Effekt auf die depressive Verstimmung (Hillemacher und Frieling 2019), aber keinen länger andauernden Effekt auf das Trinkverhalten (Agabio et al. 2018). Für Alkoholkranke, die gleichzeitig an einer Angststörung leiden, konnten in einer Übersichtsarbeit (Ipser et al. 2015) keine deutlichen Effekte einer medikamentösen Therapie, z. B. mit Serotonin-Wiederaufnahmehemmer (SSRI) auf das Trinkverhalten nachgewiesen werden. Die diesbezügliche Studienlage wurde als unzureichend bezeichnet.

Um Schwerabhängigen eine längere Abstinenz zu ermöglichen, kann es notwendig sein, dass der Betreffende in eine »beschützende« sozialtherapeutische Übergangseinrichtung eingewiesen wird. Bei länger abstinent lebenden Alkoholabhängigen werden nicht selten spezifische Probleme deutlich. So haben sich die Familienmitglieder »irgendwie« mit der Abhängigkeit arrangiert. Konflikte können dadurch entstehen, dass der Abstinente sich im familiären System um neue Verantwortungsbereiche bemüht und für Angelegenheiten engagiert, die ihn während der Trinkzeiten nicht interessiert haben. Oft möchte er auch Vernachlässigtes nachholen, indem er ständig gemeinsame Aktivitäten einfordert und die Angehörigen hierzu nicht bereit sind.

9.2.6 Einsicht in die Grunderkrankung

Im Verlauf der Entwicklung eines Alkoholmissbrauchs bzw. einer Abhängigkeit sind Veränderungen festzustellen, die in hohem Maß die Bereitschaft und Kompetenz zur Einstellungs- und Verhaltensänderung beeinflussen. Ein wesentliches Ziel in der Therapie von Alkoholkranken besteht daher darin, den Betreffenden dahin zu bringen, dass er selbst einsieht, dass er an einer (behandelbaren) Erkrankung leidet. Bis es zu einer Krankheitseinsicht kommt, vergeht meist eine lange Zeit. Zur Darstellung der einzelnen Schritte auf dem Weg dorthin, ist ein zirkuläres Verlaufsmodell vorgeschlagen worden (Prochaska und DiClemente 1983). Dieser beginnt mit der sogenannten Vorahnungsphase, die schließlich über die Einsichts- und Handlungsphase zur Abstinenz in die Phase der Aufrechterhaltung mit der Gefahr des Rückfalls führt.

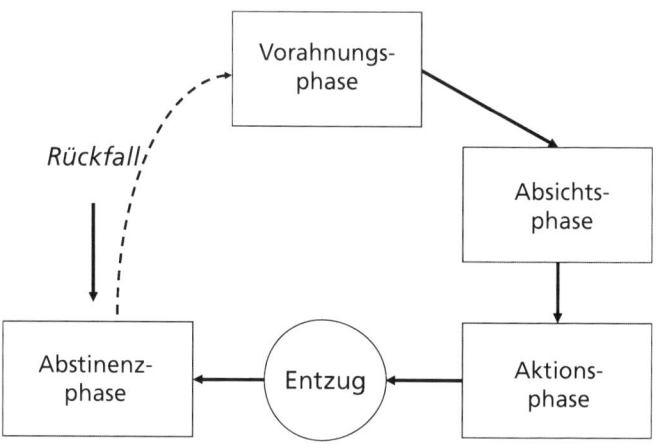

→ Ziel therapeutischer Bemühungen

Abb. 9.2: Veränderungsphasen bei Alkoholabhängigkeit (modifizert nach Prochaska und DiClemente 1983)

Die Vorahnungsphase (engl. precontemplation) kann sich über Jahre hinziehen. Der Alkoholkonsument nimmt die Hinweise aus seiner Umgebung, »dass er wohl gelegentlich zu viel trinkt« nicht besonders ernst. Es sind deutliche abwehrende Verhaltensweisen (z. B. Bagatellisieren und Rationalisierung) zu erkennen.

In der Einsichts- oder Überlegungsphase (engl. contemplation) beginnt der Betroffene zu erkennen, dass es mit seinem Alkoholkonsum »so nicht weitergehen kann«. Er denkt an Veränderungen, reagiert aber weiter sehr abwehrend auf die Vorhaltungen durch Angehörige oder Kollegen. Er versucht, längere alkoholfreie Intervalle durchzuhalten (▶ Kap. 9.2.5).

In der Handlungs- oder Aktionsphase (engl. Action) bemüht sich der Abhängige um Veränderung. Er nimmt niedrigschwellige Beratungsangebote wahr: Er redet mit dem Arzt oder besucht »aus Neugier« eine Selbsthilfegruppe und sucht nach Rat und Hilfe (▶ Kap. 9.2.7). In der Phase der Aufrechterhaltung bemüht der Abhängige sich um die Einhaltung von Abstinenz.

Zum Veränderungsmodell gehört auch die Rezidivphase (engl. Relapse) (Abstinenzbeendigung). Ein Übergang zur Vorahnungsphase ist möglich: »Ich trinke doch lange nicht mehr so viel wie früher, alkoholkrank bin ich nun nicht mehr«. In den einzelnen Phasen sind unterschiedliche Behandlungsstrategien erforderlich, denn auch die Therapieziele sind verschieden.

9.2.7 Akzeptanz des eigenen Behandlungs- bzw. Hilfebedarfs

Es gibt nur wenige Untersuchungen zu der Frage, welche Gründe Alkoholkranke bewegen, professionelle Hilfe aufzusuchen. Die Entscheidung, alkoholspezifische Hilfen aufzusuchen, wird durch eine Reihe von Faktoren beeinflusst: eigene Einsicht, Druck von Angehörigen, Rat von Ärzten etc., gesundheitliche und v. a. psychische Probleme (Wetterling et al. 2002a). Vielen Alkoholkranken fällt es schwer, Hilfe in Anspruch zu nehmen, da sie dies oft als Hinweis auf ihre mangelnde Selbstkompetenz ansehen und sich dadurch in ihrem häufig nur gering ausgeprägten Selbstwertgefühl verletzt fühlen. Alkoholkranke reagieren daher oft auf Hilfsangebote abwehrend. Das Erleben eigener Hilfsbedürftigkeit (z. B. in alkoholisiertem Zustand nicht mehr ohne Hilfe gehen zu können) wird meist sehr schamhaft erlebt. Abwehr ist oft das entscheidende Hindernis für den Aufbau einer tragfähigen therapeutischen Beziehung. Daher ist es ein sehr wichtiges Therapieziel, einen Alkoholkranken dazu zu bringen, einzusehen, dass er behandlungsbedürftig ist und Hilfsangebote in Anspruch zu nehmen. Dabei bedarf es häufig mehrerer Motivationsschritte, bis der Abhängige bereit ist, eine Behandlung zu akzeptieren. Hierzu sind motivierende Interventionen erforderlich. Ein motivationaler Veränderungsprozess bezüglich des Trinkverhaltens kann in Gang kommen, wenn insbesondere folgende Bedingungen vorliegen (Schneider 1986):

- Ein kritisches Ereignis (z. B. Arbeitsplatzverlust oder Krampfanfall im Entzug). Dieses muss von dem Betreffenden mit seinem problematischen Verhalten (erhöhter Alkoholkonsum) in Verbindung gebracht werden.
- Es müssen persönlich wichtige Werte von dem Trinkverhalten betroffen sein (z. B. eigene Gesundheit, Leistungsfähigkeit).
- Die Verantwortung für das eigene Verhalten muss anerkannt werden, d. h. keine Schuldzuweisung an Dritte oder irgendwelche gesellschaftlichen Bedingungen (»Stress«).
- Die Abweichung von dem, was der Betreffende für richtig hält, muss vorhanden sein (z. B. gesund zu leben). Die notwendige Änderung des Verhaltens muss für den Betreffenden erreichbar sein.

Es sind eine Reihe von Selbsthilfemanualen publiziert worden, z. B. von Körkel 2013; Lindenmeyer 2016b; Schneider 2019.

9.2.8 Akzeptanz des Abstinenzzieles

Ein wichtiges Therapieziel ist es, zu erreichen, dass die Betreffenden sich zu dem Ziel der Abstinenz bekennen, denn häufig besteht zumindest in der Anfangsphase der Alkoholerkrankung noch der Wunsch, wieder kontrolliert trinken (»so wie die anderen«) zu können. Einige Verlaufsstudien zeigen, dass es nur wenigen Abhängigen gelingt, kontrolliert Alkohol zu trinken (▶ Kap. 9.2.2). Die Akzeptanz des Abstinenzzieles steht häufig erst am Ende eines längeren kognitiven Prozesses (▶ Abb. 9.2).

9.2.9 Konstruktive Bearbeitung von Rückfällen

Rückfälle sind – wie alle Erfahrung zeigt – bei Alkoholkranken nicht die Ausnahme, sondern die Regel. Daher sollen sowohl die Behandler als auch die Betreffenden auf Rückfälle vorbereitet sein (▶ Kap. 9.2.5) und diese nicht als therapeutisches Versagen bzw. Zeichen ihrer »Haltlosigkeit« oder »Schwäche« ansehen. Rückfälle sollten vielmehr konstruktiv aufgearbeitet werden (▶ Kap. 9.2.5).

In der Literatur finden sich bislang nur wenige Vorschläge für Interventionsstrategien zur Bewältigung von Rückfällen (z. B. Veltrup und Wetterling 1997). Bücher, wie z. B. »Rückfall muss keine Katastrophe sein« (Körkel 2010), können für den Betreffenden hilfreich sein, da sie ihm die Unausweichlichkeit, weiter trinken »zu müssen«, nehmen, ohne die Abstinenzbeendigung zu bagatellisieren und konstruktive Bewältigungsmöglichkeiten nennen.

In einer temporären Abstinenzphase sollten von dem Alkoholabhängigen Kognitionen eingeübt werden, die er nach dem ersten Alkoholkonsum nutzen kann, um das Weitertrinken zu erschweren oder zu verhindern (Velleman 2011). Diese Gedanken sollen Gefühle und Bewertungen, die bei Alkoholkranken häufig auftreten, entgegenwirken. Nach dem ersten Trinken soll der Betroffene sich sagen:

1. »Es gibt keinen notwendigen Zusammenhang zwischen dem jetzigen Konsum und einem schwerwiegenden und folgenreichen Weitertrinken«.
2. »Jetzt noch weiter zu trinken, bedeutet eine Katastrophe bewusst auszulösen und in Kauf zu nehmen«.
3. »Ich kann mein Trinkverhalten jetzt noch kontrollieren«.

Diese Gedanken sollten in einem Set von »Erinnerungs-Karten« (Marlatt und Gordon 1985) enthalten sein, die von dem Betroffenen nach dem ersten erneuten Alkoholkonsum der Umschlag geöffnet werden. Diese Karten können von den Betreffenden selbst erarbeitet werden, indem er aufschreibt, was für ihn mit einem Weitertrinken nicht vereinbar ist. Auch ein Hilfsangebot kann hier integriert werden, z. B eine Karte mit folgendem Text: »In Falle einer schwerwiegenden Gefährdungssituation oder nach einem erneuten Wiedertrinken kann ich mich melden bei ... (Telefon-Nummer)«. Der Alkoholkranke kann dann je nach örtlichen Möglichkeiten seine(n) Selbsthilfegruppe, Arzt, Beratungsstelle, FreundIn und die entsprechenden Telefon-Nummern eintragen.

Dem Hausarzt als dem meist kontinuierlichsten professionellen Helfer für Alkoholabhängige kommt nicht nur in der Frühintervention erhebliche Bedeutung zu. Durch Kontrolluntersuchungen von EtG kann die Abstinenzeinhaltung des Patienten erfasst werden (Wetterling et al. 2014). In Abhängigkeit von der Schwere des Wiedertrinkens ist ein konsequentes und gleichzeitig flexibles Vorgehen angezeigt. Primäres Ziel sollte eine rasche Wiedererreichung der Abstinenz sein. D. h. wenn der Alkoholkranke wieder über mehrere Tage Alkohol getrunken hat und nicht sofort den Alkoholkonsum beenden kann, sollte versucht werden, eine stufenweise Dosisreduzierung in einem festgelegten kurzen Zeitraum zu erreichen, die durch tägliche Kurzkontakte in der Praxis überwacht werden kann. Wenn erkennbar ist, dass dem Alkoholkranken die Einhaltung der verabredeten Regeln nicht gelingt, so kann die Einweisung in ein Krankenhaus zur Akutbehandlung notwendig sein.

In Gesprächen geht es zunächst v. a. um eine Enttabuisierung des Rückfalls. Moralische Abwertungen oder Sanktionen sind für die Wiedererreichung der Abstinenz kontraindiziert. Als Grund für einen Rückfall werden oft eine negative »Befindlichkeit« genannt (Bachmeier et al. 2019). D. h. bei Rückfällen handelt es sich häufig um einen Prozess habitualisierter rascher und unreflektivierter Absichtsbildung zur »Abwendung« bzw. »Verbesserung« eines emotional belastenden Zustandes. Daher sollte der Betreffende aufgefordert werden, den genauen Ablauf des Rückfallprozesses einschließlich der aufgetretenen Gedanken und Gefühle ausführlich zu schildern. In diesem Rahmen sollte auch nach alternativen Möglichkeiten des Umgangs mit entsprechenden Gefühlen bzw. Situationen gesucht werden.

Ferner kann (auch in einer Therapiegruppe) besprochen werden, welche Entscheidungs- und Verhaltensalternativen zur Sicherung oder Erhöhung der Distanz zum Alkohol möglich gewesen wären. Der Betroffene soll dann Überlegungen anstellen und Pläne entwickeln, welche Veränderungen der Alltagsgestaltung (in den Bereichen Partnerschaft, Familie, Arbeit und Freizeitgestaltung) hilfreich sind, um zukünftig gesicherter eine Abstinenz einhalten zu können. Auch sollte versucht werden, Entwicklungschancen nach erneutem Trinken darzustellen, wie die Hinwendung zu bislang nicht berücksichtigten Lebensbereichen oder die Möglichkeit konkretere Zielperspektiven zu entwickeln und adäquate Unterstützung in Anspruch zu nehmen.

Der Hausarzt kann gemeinsam mit den Angehörigen Teil eines »Interventions-Netzwerkes« sein, das in Rückfallkrisen aktiv wird. Es sind mit allen Beteiligten klare Absprachen zu treffen, wie eine konstruktive Bewältigung des Rückfalls organisiert werden kann, um so die Entwicklung eines erneuten chronischen Alkoholkonsums zu verhindern. Bei dem Prozess der Bewältigung des Wiedertrinkens kann eine Selbsthilfegruppe von großer Bedeutung sein. Alkoholkranke, die auch während der Zeit des Wiedertrinkens die Gruppe weiterhin besuchen, demonstrieren ihren Wunsch nach Hilfe. Andere Teilnehmer der Selbsthilfegruppe können Wegbegleiter sein. Sie können beispielsweise durch Hausbesuche ihr Verständnis für das Wiedertrinken ausdrücken und über diesen Weg erreichen, dass der Betroffene sich ggf. wieder in eine ambulante oder stationäre professionelle Behandlung begibt.

9.3 Medizinische Behandlungsmaßnahmen

Die meisten Alkoholkranken kommen primär und oft auch ausschließlich in ärztliche Behandlung (▶ Kap. 9.1). Neben der Behandlung der Alkoholfolgeerkrankungen (▶ Kap. 5) geht es hier darum, akute alkoholbedingte Zustände (insbesondere Intoxikationen, Verletzungen, Entzugssymptomatik) zu behandeln. Im Rahmen dieser Behandlungen sollten schon weitere Schritte zur Bewältigung der Alkoholerkrankung und ihrer Folgen eingeleitet werden (z. B. durch die zuständigen Sozialarbeiter).

9.3.1 Ärztlicher Ratschlag

In einer Reihe von Studien (Zusammenfassung siehe Kaner et al. 2018) konnte nachgewiesen werden, dass ein ärztlicher Ratschlag geeignet ist, bei Personen mit riskantem Alkoholkonsum das Trinkverhalten zu verändern. Es gibt Hinweise dafür, dass schon ein Screening auf Alkohol (z. B. Bestimmung der Laborparameter (▶ Kap. 8.4)) ohne weitere therapeutische Maßnahmen zu einer Reduktion der Trinkmenge führt (Chick et al. 1985; Scott und Anderson 1990).

Sinnvoller ist es aber, durch ein anschließendes kurzes Gespräch etc. die Motivation für eine Änderung des Trinkverhaltens zu fördern, z. B. die Empfehlung, eine Selbsthilfegruppe zu besuchen. Wenn diese Maßnahmen zu keinem oder nur zu einem unzureichenden Erfolg führen, sind folgende Maßnahmen angezeigt:

- Überweisung zur Verhaltenstherapie (Stressbewältigung, Selbstkontrolle etc.)
- Überweisung zu einer Beratungsstelle, evtl. zur Einleitung einer stationären Entwöhnungstherapie (▶ Kap. 9.4)

Es ist aber wenig darüber bekannt, ob gezielte, indikationsgeleitete Beratungen und Kurzinterventionen in Arztpraxen das Inanspruchnahmeverhalten und den Verlauf der Alkoholerkrankung effektiv beeinflussen. Die Ergebnisse einer Studie mit Krankenhauspatienten zeigen eine deutliche Steigerung der Inanspruchnahme (John et al. 2001a).

9.3.2 Behandlung einer Alkoholintoxikation

Die häufigste alkoholbedingte Störung, die zu einer Aufnahme im Krankenhaus führt, ist die akute Alkoholintoxikation (ICD-10 F10.0;

ICD-11 6C40.3). Die Symptomatik (»Betrunkenheit«) ist aufgrund der Häufigkeit dieses Zustandsbildes allgemein bekannt. Die klinische Symptomatik ist abhängig von der Blutalkoholkonzentrationen (BAK) (▶ Tab. 5.1) und von dem Trinkverhalten der betreffenden Person. Sie ist individuell verschieden. Bei Personen, die nicht regelmäßig trinken, treten erste Intoxikationserscheinungen (verlängerte Reaktionszeit, Kritikminderung etc.) bei Blutalkoholkonzentrationen von etwa 0,5 ‰ und deutliche Intoxikationszeichen wie Enthemmung (»Rausch«), verwaschene Sprache, Gangstörungen ab etwa 1,0–1,5 ‰ auf. Personen, die es gewohnt sind, regelmäßig sehr große Mengen Alkohol zu trinken, können erst bei wesentlich höheren Promillewerten (bis etwa dem Doppelten der genannten Werte) Intoxikationszeichen zeigen. Daher besteht, wenn jemand trotz hoher Promillewerte weitgehend klinisch unauffällig ist, der Verdacht auf das Vorliegen einer Alkoholabhängigkeit.

Klinische Merkmale einer Alkoholintoxikation sind Verhaltensauffälligkeiten, mindestens eins der folgenden Symptome (vgl. ICD-10 (WHO 1991)):

- Enthemmung
- Streitbarkeit
- Aggressivität
- Affekt-/Stimmungslabilität
- Aufmerksamkeitsstörungen
- Einschränkung der Urteilsfähigkeit
- Beeinträchtigung der persönlichen Leistungsfähigkeit

Sowie mindestens eines der folgenden Symptome:

- Gangunsicherheit
- Standunsicherheit
- verwaschene Sprache
- Nystagmus
- Bewusstseinsstörung (Somnolenz, Koma)
- Gesichtsröte oder konjunktivale Injektion

Ein in forensischen Arbeiten erwähnter sogenannter »pathologischer Rausch« ist sehr selten. Er ist gekennzeichnet durch psychopathologische Auffälligkeiten wie einen Dämmerzustand mit paranoider Symptomatik oder Erregungszustände mit aggressiven Durchbrüchen. Dieser Zustand wird meist durch einen Terminalschlaf beendet. Es besteht eine Amnesie für diesen Zustand. Diese Symptome können schon bei niedrigen BAK auftreten, besonders bei Personen mit einer zerebralen Vorschädigung.

Zur Behandlung einer akuten Alkoholintoxikation gibt es in der S3-Leitlinie (AWMF 076-001, 2016) und auch der NICE-Leitlinie (2017) keine Empfehlungen. Auch in der internationalen Literatur finden sich hierzu nur wenige Publikationen (z. B. Morgan 2015; Wetterling und Junghanns 2019). Das folgende Procedere hat sich bewährt:

1. Ermitteln der BAK bzw. der Alkoholkonzentration in der Atemluft. Dabei ist zu berücksichtigen, dass eine Zunahme der Intoxikationserscheinungen bis zu etwa 90 min nach dem letzten Alkoholkonsum noch möglich ist. Daher sollte der Zeitpunkt des letzten Konsums möglichst genau ermittelt werden. Bei BAK $>1,5$ ‰ nimmt die Wahrscheinlichkeit von schweren Intoxikationserscheinungen zu (▶ Tab. 5.1).
2. Schweregrad der Alkoholintoxikation und Berücksichtigung anderer Einflussfaktoren.
Zur Bestimmung des Schweregrades der Alkoholintoxikation ist die aktuelle neurologische Symptomatik (insbesondere Vigilanz, Orientierung, Koordination) von wesentlicher Bedeutung. Zudem ist zu prüfen, ob der aktuelle Zustand nur durch eine Alkoholintoxikation bedingt ist oder ob weitere Faktoren (z. B. Verdacht auf Schädelhirntrauma etc., stattgehabter epileptischer Anfall, Mischintoxikationen) zu beachten sind.
3. Klärung, ob Indikation zur Einweisung in stationäre Behandlung bzw. Aufnahme vorliegt.
Bei geringen Intoxikationszeichen ist eine stationäre Behandlung nur dann indiziert, wenn weitere behandlungspflichtige Erkrankungen oder Verletzungen vorliegen. In diesem Zusammenhang ist

die Suizidgefährdung zu überprüfen, denn eine Alkoholintoxikation erhöht die Suizidalität (Wetterling und Schneider 2013) und führt häufig auch zu vollendeten Suiziden.
Weiter ist das Risiko einer schweren Entzugssymptomatik abzuschätzen, z. B. mit dem LARS (Wetterling et al. 2006). Dieses ist insbesondere dann hoch, wenn schon bei einer BAK > 1‰ Entzugssymptome erkennbar sind.

Eine Alkoholintoxikation erfordert v. a. eine kontinuierliche Überwachung in einer ruhigen und sicheren Umgebung unter Bestimmung klinischer Parameter (Agitation, Tremor, Angst, Schweißneigung, Blutdruck und Puls) und Laborparameter, sowie ein Screening auf Einnahme weiterer psychotroper Substanzen. Auf ausreichende Flüssigkeits- und Elektrolytzufuhr ist zu achten. Schwere Intoxikationen und auch unklare Mischintoxikationen erfordern eine intensivmedizinische Behandlung und Monitoring. Bei schwerer Alkoholintoxikation sollte ein parenteraler Zugang gelegt werden und ca. 3l/24 Stunden Flüssigkeit gegeben werden. Psychomotorische Unruhe-/Erregungszustände können durch Gabe von 5–30 mg Haloperidol behandelt werden. (Cave: keine Benzodiazepine: Atemdepressionsgefahr). Bei nachgewiesenen Elektrolytstörungen (v. a. Hypokaliämie, Hyponatriämie oder Hypomagnesiämie) sollte ein Elektrolytausgleich erfolgen (Cave: nur langsamer Ausgleich wegen Gefahr einer pontinen Myelinolyse).

9.3.3 Entzugsbehandlung (Körperliche Entgiftung)

Bei ungefähr 50 % der Alkoholabhängigen kommt es zu körperlichen und psychischen Entzugssymptomen, wenn der Alkoholkonsum plötzlich unterbrochen wird (Wetterling et al. 1997, 2006), denn das neue labile Gleichgewicht, das sich durch neuroadaptive Mechanismen gebildet hat (► Kap. 5.1.2, ► Kap. 5.1.3), gerät ins Wanken. Bei einem Entzugssyndrom kann es zu vielfältigen körperlichen und auch psychischen Symptomen, insbesondere auch komplizierten Verläufen (Delir, Wernicke Enzephalopathie) kommen (Junghanns und Wetterling 2017) (▶ Abb. 9.2).

Die Diagnose eines Alkoholentzugssyndroms kann nur klinisch anhand des körperlichen und psychopathologischen Befundes erfolgen. Es sollten mindestens drei der folgenden Symptome vorliegen (vgl. Diagnostische Kriterien der ICD-10 (WHO 1991)):

- Tremor der vorgehaltenen Hände, der Zunge oder der Augenlider
- Schwitzen
- Übelkeit, Würgen und Erbrechen
- Tachykardie oder Hypertonie
- psychomotorische Unruhe
- Kopfschmerzen
- Schlafstörungen (Insomnie)
- Krankheitsgefühl oder Schwäche
- vorübergehende optische, taktile oder akustische Halluzinationen oder Illusionen
- Krampfanfälle (Grand Mal)

Da der Alkoholkonsum oft aus medizinischen Gründen (Aufnahme ins Krankenhaus, z. B. nach Verletzungen oder bei schwerwiegenden Erkrankungen) unterbrochen wird, treten Entzugssymptome gehäuft während einer stationären Behandlung auf. Im Entzug kann eine Vielzahl körperlicher und psychischer Symptome auftreten. Daher hat sich vor allem in der angelsächsischen Literatur die Bezeichnung Entzugssyndrom eingebürgert. Die schwerste Ausprägungsform ist das Alkoholentzugsdelir.

Wegen der vielgestaltigen Symptomatik ist für eine schnelle Abschätzung des Schweregrades der Alkoholentzugssymptomatik ein strukturiertes Vorgehen zu empfehlen. Es sind für diesen Zweck einige Skalen entwickelt worden (Banger et al. 1992; Shaw et al. 1981; Wetterling et al. 1997). Die AES-Skala ist auch zur Verlaufsüberwachung und vor allem auch zur frühzeitigen Abschätzung der erwartenden

9.3 Medizinische Behandlungsmaßnahmen

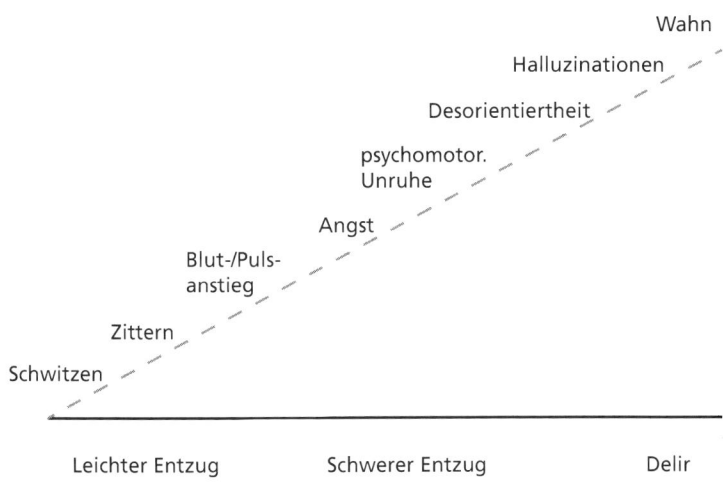

Abb. 9.3: Schematisierte Darstellung der Symptome eines Alkoholentzugssyndroms

Schwere der Alkoholentzugssymptomatik geeignet (Driessen et al. 2005; Wetterling et al. 1997, 2006). Sie kann auch als Grundlage für eine operationalisierte Behandlung des Alkoholentzugssyndroms herangezogen werden. Systematische Untersuchungen haben gezeigt, dass anhand der vegetativen und psychischen Symptomatik fünf Verlaufsformen des Alkoholentzugs mithilfe der AES-Skala unterschieden werden können (Driessen et al. 2005).

Im einfachen Fall besteht die Symptomatik im Alkoholentzug in einer vegetativen Überstimulation mit Schwitzen, Herzrasen, Blutdruckanstieg, Übelkeit und psychischen Symptomen wie Unruhe, Ängstlichkeit und Schlafstörungen (▶ Abb. 9.3). Im Entzug treten gehäuft, vor allem initial, zerebrale Krampfanfälle auf.

Im komplizierten Fall, vor allem bei körperlich Kranken oder Verletzten, kommt es zur Entwicklung eines Entzugsdelirs. Dieses ist gekennzeichnet durch (siehe diagnostische Kriterien der ICD-10 für ein Delir (F10.4)):

- Bewusstseinstrübung
  - mit verminderter Aufmerksamkeit
  - Orientierungsstörungen
  - Wahrnehmungsstörungen
  - Unfähigkeit, die Aufmerksamkeit zu richten, halten etc.
- Globale Störung der Kognition mit
  - Fehlwahrnehmungen wie Illusionen und Halluzinationen (meist optisch)
  - Beeinträchtigung des abstrakten Denkens und der Einsicht, mit oder ohne
  - Wahn (wenig systematisiert) und inkohärenter Sprache
  - Merkfähigkeitsstörungen bei weitgehend erhaltenem Altgedächtnis
  - Desorientiertheit hinsichtlich Zeit, in schweren Fällen auch für Ort und zur Person
- Psychomotorische Störungen (mindestens 1 der 4 folgenden)
  - abrupter Wechsel zwischen erhöhter oder verringerter psychomotorischer Aktivität
  - verlängerte Reaktionszeit
  - vermehrter oder verminderter Redefluss
  - verstärkte Schreckreaktion
- Störung des Schlaf-Wach-Rhythmus (mind. 1 der 3 folgenden)
  - Schlafstörung, in schweren Fällen Schlaflosigkeit
  - nächtliche Verschlechterung der Symptome
  - Alpträume, die nach Erwachen als Halluzinationen oder Illusionen fortbestehen können

Alle Symptome können im Verlauf eines Delirs stark wechseln oder verschwinden

- Plötzlicher Beginn und Tagesschwankungen der Symptomatik

In einigen Studien wurden Faktoren ermittelt, die ein erhöhtes Risiko für die Entwicklung einer schweren Entzugssymptomatik, insbesondere für ein Delir anzeigen. Hierzu zählen (siehe Übersicht bei Wetterling et al. 2006; Goodson et al. 2014):

- Delirium tremens oder schwerer »komplizierter« Alkoholentzug in der Vorgeschichte
- Anzahl der vorangegangenen stationären Entzugsbehandlungen
- Trinkmenge und Trinkfrequenz
- Einnahme von Sedativa oder Hypnotika
- Krampfanfälle, v. a. initial
- Entzugssymptome schon bei einer BAK ≥ 1 ‰
- schwere internistische Erkrankungen (Infektionen wie Pneumonie, koronare Herzerkrankung, Lebererkrankungen, Tachykardie und Anämie)
- Veränderungen der Serumelektrolyte, besonders Hypokaliämie (Wetterling et al. 1994)
- weitere Laborwerte wie niedrige Anzahl der Thrombozyten und hohe ALAT- (GPT-)Werte.

Risikofaktoren für eine schwere Alkoholentzugssymptomatik, insbesondere eines Entzugsdelirs sind in einer kurzen Skala (LARS) (Wetterling und Veltrup 1997) zusammengefasst. Mithilfe einer Kurzform (LARS 11) kann die zu erwartende Schwere der Entzugssymptomatik zufriedenstellend abgeschätzt werden (Wetterling et al. 2006). Bisher gibt es keine klaren Kriterien für Alkoholkranke, die stationär entzogen werden sollten. Ein stationärer Entzug sollte bei den Patienten erfolgen, die nach den bisherigen Untersuchungen (siehe Übersicht Wetterling et al. 2006) ein erhöhtes Risiko eines schweren Entzugs oder eines Entzugsdelirs aufweisen oder

- frische Verletzungen, insbesondere Kopfverletzungen oder Knochenbrüche
- Pneumonien, Tuberkulose
- schwere internistische Erkrankungen
- einen reduzierten Allgemeinzustand, insbesondere mit Elektrolytstörungen

- Polytoxikomane (mehrfach-Abhängige, auch bei gleichzeitigem Medikamentenmissbrauch)
- psychiatrische Begleiterkrankungen

haben. Die Alkoholentzugssymptomatik beginnt meist in den ersten 24 Stunden nach dem letzten Alkoholkonsum, aber bei langjährigem erhöhtem Alkoholkonsum (»Spiegeltrinker«) auch schon bei BAK über 1 ‰. Die maximale Symptomatik wird meist in den ersten beiden Tagen nach dem letzten Alkoholkonsum erreicht. Falls gleichzeitig ein Medikamentenmissbrauch, vor allem ein Benzodiazepinmissbrauch besteht, kann die Entzugssymptomatik auch verzögert auftreten. In der Regel klingt die Alkoholentzugssymptomatik innerhalb von sieben Tagen weitgehend ab. Falls eine delirante Symptomatik länger besteht, ist eine andere Ursache, vor allem metabolische Störung oder zerebrale Schädigung sowie ein Abusus anderer psychotroper Substanzen abzugrenzen (Wetterling 2015).

Zur Behandlung der Alkoholentzugssymptome ist eine Vielzahl von Medikamenten vorgeschlagen worden, aber bisher gibt es nur wenige Vergleichsstudien oder Placebo-kontrollierte Studien (siehe Übersicht: Schmidt et al. 2016). In der S3 Leitlinie (AWMF 076-001, 2016) finden sich Empfehlungen zur Auswahl einer Entzugsmedikation. Die Wahl der Entzugsmedikation sollte von rationalen Gesichtspunkten abhängig gemacht werden. Hierzu zählen vor allem die Zielsymptome bzw. das Wirkprofil der zur Verfügung stehenden Medikamente (▶ Tab. 9.6) und die Kontraindikationen, die sich durch eventuell vorliegende körperliche Erkrankungen ergeben (▶ Tab. 9.7).

Wie aus den Tabellen 9.6 und 9.7 zu ersehen ist, haben die für einen Alkoholentzug empfohlenen Medikamente zum Teil sehr ähnliche pharmakologische Wirkungen wie Alkohol und »verlangsamen« nur den Entzug. Grundsätzlich ist es auch möglich, sich »runter zu trinken«, d. h. jeden Tag etwas weniger Alkohol zu trinken. Es gibt aber keine epidemiologischen Zahlen über »Selbstentgifter«.

9.3 Medizinische Behandlungsmaßnahmen

Tab. 9.6: Wirkungsprofil verschiedener zum Alkoholentzug eingesetzter Medikamente (modifiziert nach Wetterling 2004)

	Initialdosis	Tageshöchstdosis	vegetative Symptomatik	Angst, psychomotor. Unruhe	Desorientiertheit, Halluzinationen	Krampfneigung	Schlafstörungen
Benzodiazepine (Diazepam)	10 mg	40 mg*	+	+++		+++	+++
Butyrophenone (Haloperidol)	5 mg	40 mg		++	+++	−	+
Carbamazepin	200 mg	1.200 mg	+	+	+	++	+
Clomethiazol	2 Kps	20 Kps*	++	+++	+	+++	+++
Clonidin#	150 µg	3.000 µg*	+++	+			+
Alkohol			++	+	−	++	++

* unter strenger Überwachung (EKG-Monitoring und Sitzwache)
+ geringe Wirkung, ++ gute Wirkung, +++ Mittel der Wahl, − Verstärkung der Symptome möglich
° nur für leichte Entzüge, nicht zur Behandlung eines Delirs geeignet
allein nicht zur Entzugsbehandlung geeignet, aber in Kombination mit Haloperidol

Bei chirurgischen Patienten ist es zur Festlegung einer therapeutischen Strategie wichtig zu klären, ob in den folgenden Tagen eine Operation mit Narkose geplant ist, denn die Medikamente müssen entsprechend ausgewählt werden. Überdies ist mit vermehrten Komplikationen nach der Operation zu rechnen (Spies et al. 1999). Ein vorangehender Entzug führt bei elektiven Operationen zu weniger Operations- und postoperativen Komplikationen und trägt zu einer

Tab. 9.7: Nebenwirkungsprofil verschiedener zum Alkoholentzug eingesetzter Medikamente und sich daraus ergebende Kontraindikationen (modifiziert nach Wetterling 2004)

	Benzodiazepine	Butyrophenone	Carbamazepin	Clomethiazol	Clonidin	*Alkohol*	Kontraindikation bei
Allergie			+++	+			bekannter Allergie
Atemdepression	+ i.v. +++			++ i.v. +++		+	Lungenerkrankungen, Thoraxtrauma, Herzinsuffizienz
Erniedrigte Krampfschwelle		++*					bekannte Epilepsie oder Krampfanfälle im Entzug
Herzrhythmusstörungen	+	+	+	+	+++	+	vorbestehenden Herzrhythmusstörungen
Leberzellschädigung		+	++			+++	vorbestehende Lebererkrankung
Sedierung	+++		+	+++	+	++	Überwachungsbedürftige Unfallverletzte oder Operierte
Verschleimung				++ i.v. +++			Lungenerkrankungen, Thoraxtrauma
Suchtpotential	++			+++		+++	

\+ selten, ++ häufig, +++ sehr häufig
* daher Kombination mit antikonvulsiv wirksamer Substanz wie Carbamazepin, Diazepam oder Clomethiazol sinnvoll

9.3 Medizinische Behandlungsmaßnahmen

Verkürzung des stationären Aufenthalts bei (Spies und Rommelspacher 1999). An der Symptomatik orientierte (score-gesteuerte) Entzugsprogramme wie z. B. anhand der AES-Skala haben den Vorteil, dass die Patienten weniger Medikamente benötigen, insbesondere von potenziell suchtgefährdenden Medikamenten wie Benzodiazepinen oder Clomethiazol (Daeppen et al. 2002; Wetterling et al. 1997).
Vor dem Hintergrund der hohen Krankenhauskosten sind ambulante Entzugsprogramme für Alkoholkranke entwickelt worden. Voraussetzung für eine sachgerechte Entscheidung, welche Patienten ambulant entzogen werden können, ist eine genaue Risikoabschätzung. Als wichtige Voraussetzungen für einen ambulanten Entzug werden angesehen (Wetterling und Veltrup 1997):

- es liegen keine schwerwiegenden körperlichen Erkrankungen vor (z. B. Leberzirrhose, erosive Gastritis, Pankreatitis, Pneumonie etc. oder ein schlechter, reduzierter Allgemeinzustand, Verletzungen, insbesondere am Kopf)
- es liegt keine psychiatrische Erkrankung vor (insbesondere keine Psychose bekannt)
- keine Krampfanfälle bekannt
- Patient ist bekannt und kommt zuverlässig in ambulante Behandlung bzw. eine Überwachung durch ambulante aufsuchende Pflegekräfte ist möglich
- Patient ist sozial ausreichend integriert und hat einen festen Wohnsitz
- Entzug ist geplant (Fähigkeit zur aktiven Mitarbeit ist gegeben)

Bisher sind aber kaum Studien über einen medikamenten-gestützten ambulanten Alkoholentzug veröffentlicht worden (Malcolm et al. 2002; Müller et al. 2010; Soyka et al. 2006). In einer dieser Studien haben in der Woche nach dem Entzug mehr als 50 % wieder Alkohol getrunken (Malcolm et al. 2002).

Entzug bei Polytoxikomanen (Mehrfach-Abhängigen)

Spezifische therapeutische Strategien zum Alkoholentzug bei Polytoxikomanen (einschließlich Alkoholabhängigkeit) sind bisher in der Literatur kaum beschrieben worden. Der Entzug bei Mehrfach-Abhängigen sollte nur stationär erfolgen, da Komplikationen recht häufig auftreten. Die medikamentöse Entzugstherapie ist meist symptomatisch (▶ Tab. 9.6). Eine gute Überwachung ist zu gewährleisten.

9.3.4 Alkohol-induzierte psychotische Störungen

Bei der durch akustische Halluzinationen gekennzeichneten und bei einer alkohol-induzierten wahnhaften Symptomatik wird die Behandlung mit hochpotenten Antipsychotika mit geringen anticholinergen Nebenwirkungen empfohlen (Masood et al. 2018).

9.3.5 Amnestische Störung (Wernicke-Korsakoff-Syndrom)

Bei der akuten Wernicke-Enzephalopathie (▶ Kap. 5.1.2) wird die parenterale Gabe von Thiamin empfohlen (mind. 200 mg/Tag über eine Woche). Initial sollte eine Glukose-Infusion verabreicht werden. Für das chronische amnestische (Korsakoff-)Syndrom sind bisher kaum Therapieansätze beschrieben worden (Junghanns und Wetterling 2017).

9.4 Psychotherapeutische, psychosoziale und andere Therapien

Zur Behandlung der Alkoholerkrankung, insbesondere zu der sogenannten Entwöhnung sind eine Reihe von Therapien, v. a. auf

9.4 Psychotherapeutische, psychosoziale und andere Therapien

psychotherapeutischer (tiefenpsychologisch-analytisch, kognitiv-verhaltenstherapeutisch etc.) bzw. psychosozialer Basis entwickelt worden. Häufig werden in der klinischen Praxis Elemente aus verschiedenen Therapieformen zusammengefasst. Ein wesentlicher Unterschied besteht im Setting, d. h. dem Ort bzw. der Art der Durchführung (einzeln oder in Gruppen) und deren Dauer.

1. Stationäre Entwöhnungsbehandlung (»Langzeit-Therapie«, meist > 8 Wochen)
2. Stationäre Kurzzeittherapie (z. B. Motivationstherapie; qualifizierter Entzug)
3. Ambulante suchttherapeutische Angebote
4. Selbsthilfegruppen
5. Kombination der oben genannten Therapieverfahren

Da es sich bei der Alkoholabhängigkeit um eine Verhaltensstörung handelt, wurden zur Behandlung eine Reihe von unterschiedlichen verhaltenstherapeutischen Programmen entwickelt (siehe Übersicht Block und Loeber 2018; Witkiewitz und Marlatt 2011; Schnell 2019). Dazu gehören u. a.:

- Training sozialer Fertigkeiten (Monti et al. 2002)
- Training der Selbstkontrolle (u. a. Achtsamkeitstherapie (Bowen et al. 2012))
- Verhaltenstherapeutisch orientierte Paartherapie (McCrady und Epstein 2009)
- Stressbewältigungstraining
- CRA (community reinforcement approach: positive Verstärkung im sozialen Bereich (Meyers und Smith 2017))
- Kurze motivationale Beratung

Eine weitere oft genannte Therapieform: Cue exposure (Exposition von alkoholspezifischen Reizen) (Drummond et al. 1990) zeigt nach einer Meta-Analyse der vorliegenden Studien kaum Effekte auf das Trinkverhalten (Mellentin et al. 2017). Es sind auch Internet-basierte

Therapieprogramme entwickelt worden (Kaner et al. 2017; Riper et al. 2018; Watkins und Sprang 2018).

9.4.1 Indikationen für eine bestimmte Behandlungsform

In einem integrierten 2–3-wöchigen Motivationsprogramm nach Entzug (»qualifizierte Entzugsbehandlung«) können individuell abgestimmte Therapiepfade erarbeitet werden. Weitgehend akzeptierte Indikationen für eine stationäre Entwöhnung sind (siehe auch AWMF 076-001, 2016):

1. Bestehen einer behandlungsbedürftigen komorbiden psychiatrischen Störung (besonders schizophrene Psychosen, aber auch Angststörungen und Depression)
2. Schwere kognitive Störung
3. Therapieabbruch in ambulanter oder stationärer Vorbehandlung (besonders mehrere)
4. Notwendigkeit, Abstand zu dem von Alkohol geprägten Umfeld zu schaffen

Psychiatrische Störungen können während einer Therapie aktualisiert werden, daher sollte, um mögliche Komplikationen besser therapeutisch bearbeiten zu können, eine stationäre Entwöhnung erfolgen. Insbesondere bei Schizophrenen sind spezielle Entwöhnungsprogramme notwendig. Eine weitere Indikation für eine stationäre Entwöhnung sind schwerwiegende kognitive Störungen, denn diese Patienten brauchen einen eng umgrenzten Rahmen für die Therapie, da sie ansonsten kaum in der Lage wären, einer Therapie zu folgen. Hier geht es v. a. um einen beschützten alkoholfreien Raum.

Um eine gute Motivation zu erreichen, ist es aber auch notwendig, die Wünsche und Erwartungen an eine Entwöhnungstherapie zu berücksichtigen (Schneider et al. 2004). Auch den Ängsten vor bestimmten Therapieformen, insbesondere Gruppentherapien, sollte – soweit möglich – Rechnung getragen werden.

9.4 Psychotherapeutische, psychosoziale und andere Therapien

Spezielle Indikationen für bestimmte Behandlungsverfahren gibt es nach aufwendigen Studien in den angelsächsischen Ländern (Project MATCH (Cutler und Fishbain 2005); COMBINE (Anton et al. 2006) und UKATT (2008)) kaum, denn die Behandlungsergebnisse der verschiedenen Therapieformen wiesen nur geringe Unterschiede auf. In diesen Studien wurden folgende ambulante Therapieansätze untersucht:

- Project MATCH: Kognitive Verhaltenstherapie (zwölf Gruppensitzungen) vs. Motivationstherapie (vier Gruppensitzungen) vs. zwölf steps (angelehnt an AA-Programm) (zwölf Gruppensitzungen)
- COMBINE study: Kognitive Verhaltenstherapie vs. Ärztliche Beratung (manche der neun Studiengruppen erhielten zusätzlich Naltrexon oder/und Acamprosat, eine Gruppe nur eine kognitive Verhaltenstherapie)
- UKATT: social behavior and network therapy vs. Motivationstherapie

In Deutschland finden Alkohol-Entwöhnungstherapien v. a. stationär statt und werden meist von der Rentenversicherung getragen. Die Einweisungen erfolgen v. a. durch Suchtberatungsstellen und auch durch Krankenhäuser (Bachmeier et al. 2019). In der stationären Entwöhnungsbehandlung werden meist einzelne Elemente aus den verschiedenen Therapieprogrammen in die individuelle Therapie für den Betreffenden einbezogen (Lindenmeyer 2016a). Nach den Katamnesebefragungen der FVS-Entwöhnungskliniken waren knapp 30 % der stationär Behandelten nach Therapieende ein Jahr lang durchgängig abstinent. Faktoren, die eine Abstinenz begünstigten, waren: weibliches Geschlecht, Alter > 40 Jahre, feste Partnerbeziehung, Erwerbungstätigkeit bei Aufnahme und keine psychiatrische Komorbidität (Bachmeier et al. 2019). Ambulant wurde eine Entwöhnungstherapie vergleichsweise selten durchgeführt. Es wurde eine Abstinenzrate von etwa 45 % nach einem Jahr erreicht (Bick-Dresen et al. 2019; Neumann et al. 2019).

9.4.2 Kontaktaufnahme

Der Einstieg in eine therapeutische Beziehung ist oft sowohl für den Patienten als auch den Arzt/Therapeuten mit Schwierigkeiten behaftet. Aufseiten des Patienten bestehen häufig massive Ängste:

* Angst, als Alkoholkranker erkannt zu werden (▶ Kap. 6.1)
* Angst vor Veränderung (▶ Kap. 9.2.6)

Diese Ängste sind oft Ausdruck der ausgeprägten Selbstwertproblematik, unter der viele Alkoholkranke leiden. Besonders, wenn die Patienten in Krisensituationen (z. B. Krankenhausaufnahme, Alkoholentzug, Eröffnung der Diagnose einer schwerwiegenden alkoholbedingten Erkrankung) angesprochen werden, können große Ängste auftreten. Diese Ängste sind meist Zeichen einer »Problemaktualisierung«. Diese ist aber einer der empirisch gesicherten Wirkfaktoren für eine Psychotherapie (Grawe 1995). Daher können »Krisensituationen« (z. B. Aufnahme ins Krankenhaus) gut zur Aufnahme eines therapeutischen Kontakts genutzt werden. Durch eine vertrauensvolle Beziehungsaufnahme können die Ängste schon im Erstkontakt abgebaut werden. Dabei kommt es sehr auf die therapeutische Grundhaltung an.

Vonseiten der Behandler bestehen oft unbewusste Vorurteile gegen Alkoholkranke (▶ Kap. 6.1). Diese das offene Gespräch behindernde Faktoren sollten sich Behandler ebenso wie latente Ängste vor der Aggressivität der Alkoholkranken bewusst machen. Der Einstieg in eine Therapie ist häufig schwierig.

9.4.3 Therapeutische Grundhaltung

Die therapeutische Arbeit mit Alkoholkranken verlangt neben spezifischen Techniken vor allem die Einhaltung bestimmter Grundhaltungen, denn die Behandlung ist über weite Strecken eine Gratwanderung zwischen Konfrontation, die häufig den Abbruch der therapeutischen Beziehung zur Folge hat, und zu starker

9.4 Psychotherapeutische, psychosoziale und andere Therapien

Akzeptanz der Aussagen des Alkoholkranken, die dazu führt, dass notwendige Verhaltensänderungen kaum erreicht werden. Daher ist die Schaffung eines konstruktiven Arbeitsbündnisses von großer Bedeutung. Die therapeutische Grundhaltung sollte eine vertrauensvolle Atmosphäre erzeugen. Sie sollte charakterisiert sein durch:

- Empathie (Einfühlungsvermögen)
- eine um Verstehen der Problematik bemühten Haltung
- nichtwertende Akzeptanz (keine moralisierenden Äußerungen)
- kritische Distanz (zu Wünschen und Erwartungen des Patienten)
- Glaubwürdigkeit und Echtheit (v. a. in den gezeigten Gefühlen)
- Fachkompetenz
- Konstanz (Aufrechterhalten der Beziehung bei Konfrontation durch den Patienten und Beständigkeit in den Grenzziehungen in der Beziehung)

Die meisten Studien zur Wirksamkeit von verschiedenen Psychotherapieverfahren haben gezeigt, dass diese »therapeutische« Grundhaltung entscheidend für den Erfolg einer Therapie ist (Grawe 1995).

9.4.4 Abwehr

Im Umgang mit Alkoholkranken fällt immer wieder auf, dass diese die Alkoholproblematik nicht wahrhaben wollen bzw. nicht sich selbst oder gegenüber Dritten eingestehen können. Dieses Phänomen wird als Abwehr gedeutet. Abwehrphänomene erschweren den diagnostischen Prozess und verhindern vor allem aber einen Therapieerfolg. Die Abwehr kann sich z. B. bemerkbar machen als:

- Verleugnung (»Ich trinke gar keinen Alkohol«, »Ich komme allein klar«, »Ich habe keine Probleme mit Alkohol«)
- Bagatellisierung (»Ich trinke nicht mehr als andere«)
- Projektion (»Ich trinke nur, weil ich Ärger mit meiner Partnerin habe«)

Weitere Defensivstrategien sind Regression, Ablehnung von Verantwortung und endloses Diskutieren.

Aus sozialpsychologischer Sicht ist Abwehr der psychische Schutz des Alkoholkranken, um sein »alkoholisches« Lebenssystem aufrechterhalten zu können. Sie ist Ausdruck der kognitiven Verarbeitung bedrohlicher Informationen im Zusammenhang mit dem Trinkverhalten oder den Konsequenzen des überhöhten Alkoholkonsums. Abwehrverhalten lässt sich sowohl über die Theorie zur kognitiven Dissonanz als auch über Selbstwertschutztheorien erklären.

9.4.5 Gesprächsführung/Motivational interviewing

Therapeutische Interventionen bei Alkoholkranken sollen v. a. die Motivation zur Veränderung des Trinkverhaltens wecken, indem sie ihr Trinkverhalten als schädlich erkennen, Ansätze zur Veränderung fördern und ausbauen sowie die Änderungen unterstützen. Unter der Motivation zur Veränderung der Lebensgestaltung wird die Bereitschaft verstanden, die belasteten und belastenden Lebensbereiche wahrzunehmen und notwendige Veränderungen vorzunehmen. Dabei ist es unerheblich, ob und in welchem Ausmaß die Lebensbeeinträchtigungen durch den Alkoholkonsum verursacht worden sind. Von Bedeutung ist allerdings, dass eine wirkliche stabile Veränderung in aller Regel nur dann möglich ist, wenn das Trinkverhalten geändert wird. Probleme am Arbeitsplatz, Schwierigkeiten in der Familie können ein wichtiger Anstoß für Veränderung von Trinkgewohnheiten sein.

Bei den motivationalen Interventionen sollte die Selbstverantwortlichkeit betont werden. Eine Veränderungsbereitschaft kann nur unterstützt, aber nicht verordnet werden. In dem motivationsfördernden Prozess bei Alkoholkranken gilt es, die bestehenden Veränderungshindernisse abzubauen, die Selbstwirksamkeitserwartungen bei den Patienten zu erhöhen, klare Ziele zu formulieren, einen Expertenratschlag zu geben und dennoch Wahlmöglichkeiten zu eröffnen.

9.4 Psychotherapeutische, psychosoziale und andere Therapien

In der Alkohol-Entwöhnung geht es v. a. um eine wesentliche Verhaltensänderung, nämlich des Alkoholkonsums, der vorher großen Raum im Leben des Betreffenden eingenommen hat. Die therapeutischen Interventionen bei Alkoholkranken sollen v. a. die Motivation zur Veränderung des Trinkverhaltens wecken.

Tab. 9.8: Tafel mit den Vor- und Nachteilen einer Verhaltensänderung (kein Alkohol mehr) als Hilfe zur Entscheidung

	Weiterer Alkoholkonsum	Kein Alkohol mehr
Vorteile für mich	◆ Behalte Kumpels, die auch trinken ◆ Kann in meinem Umfeld bleiben ◆ Brauche mein verhalten nicht wesentlich zu ändern	◆ Mehr Zeit für – Partnerin – Kinder – Hobbies ◆ Ist gesünder ◆ Konzentration wird besser
Nachteile für mich	◆ Auf lange Sicht ungesünder	◆ Verliere Freunde, die weiter trinken ◆ Mehr Langeweile ◆ Abstinenz ist schwer einzuhalten

Bitte tragen Sie in die Felder Ihre persönlichen Vor- und Nachteile ein! (Die Eintragungen sind nur Beispiele)

Die grundsätzlichen Abwägungen, die der Alkoholkranke im Zuge der Veränderung zu treffen hat, lassen sich in einer Vierfeldertafel darstellen, in die der Betreffende seine persönlichen Gesichtspunkte eintragen kann (▶ Tab. 9.8).

Ziel dieser Überlegungen sollte sein, das Trinkverhalten als schädlich zu erkennen. Eine Veränderungsbereitschaft kann vonseiten des Therapeuten nur unterstützt, aber nicht verordnet werden. In dem motivationsfördernden Prozess bei Alkoholkranken gilt es, die bestehenden Veränderungshindernisse abzubauen, die Selbstwirksamkeitserwartungen bei den Patienten zu erhöhen, klare Ziele zu formulieren, einen Expertenratschlag zu geben und dennoch Wahlmöglichkeiten zu eröffnen, denn grundsätzlich ist die Selbstverantwortlichkeit des Betreffenden für die Veränderungsschritte zu betonen.

Die Motivation zur Veränderung ist ein dynamisch sich entwickelnder und fortschreitender Prozess, der von vielen Faktoren beeinflusst wird. Dabei wirken sich u. a. folgende Faktoren positiv auf die Bereitschaft zur Teilnahme an einer Behandlung aus:

- Introspektionsfähigkeit (Fähigkeit über eigenes Verhalten zu reflektieren)
- der Wunsch nach Änderung des Verhaltens
- hohe Selbstwirksamkeitserwartungen

sowie Anerkennen der eigenen Hilfsbedürftigkeit, Erkenntnis der Selbstverursachung und Zwangsläufigkeit der negativen Folgen (► Kap. 9.2.7) und der Wunsch nach Abstinenz (► Kap. 9.2.8).

Als ein Therapieprogramm hierfür ist das von Miller und Rollnick (1991) entwickelte »Motivational interviewing« international am bekanntesten. Das Therapiekonzept wurde in der Neuauflage 2013 verändert. Während zunächst zwei Phasen: Aufbau von Motivation und Konsolidierung der Selbstverpflichtung beschrieben wurden, werden jetzt vier Grundprozesse betont: Beziehungsaufbau, Fokussierung (auf konkrete Problembereiche), Evokation (Hervorrufen von Selbstmotivation) und Planung (für weitere konkrete Schritte).

Wichtige Elemente der Therapie sind:

- Empathie (► Kap. 9.4.3) mit aktivem, reflektierendem Zuhören
- Erzeugen von Diskrepanz (zwischen momentanem Verhalten und den Vorstellungen für seine Zukunft (kognitive Dissonanz), um dem Patienten zu helfen, Argumente für eine Änderung zu entwickeln)
- flexibler Umgang mit der Abwehr (► Kap. 9.4.4)
- Stärkung der Selbstwirksamkeitserwartung

Das Motivational Interviewing bedient sich dabei bestimmter Techniken der Gesprächsführung, z. B. des Betonens des »Change talks« (Äußerungen des Patienten in Richtung Veränderung) und dessen Abgrenzung vom »Status quo-talk« (Äußerungen ohne Zeichen für Veränderung) sowie des »Reframing« (des Zusammenfassens des bisher Besprochenen/Erreichten). Es kann auch im Rahmen einer Gruppentherapie eingesetzt werden (John et al. 2001b).

Weitere Therapieprogramme zur Behandlung von Alkoholkranken finden sich in dem Buch aus dieser Reihe von Schnell (2019) und für Alkoholkranke mit komorbiden Störungen in dem Buch von Walter und Gouzoulis-Mayfrank (2019).

9.4.6 Rückfälle in/nach Therapie

Nicht selten kommt es schon während einer stationären Therapie zu Trinkrückfällen (Wetterling et al. 2019a). In Katamnesestudien wurde gezeigt, dass in den ersten drei Monaten nach Abschluss einer Therapie das Risiko eines Rückfalls sehr hoch ist (Bachmeier et al. 2019; Neumann et al. 2019). Um diese kritische Zeit zu überbrücken, sind regelmäßige ambulante Nachkontakte über mehrere Wochen sinnvoll. Auch der Besuch von Selbsthilfegruppen kann das Rückfallrisiko verringern. Die weiteren Behandlungsoptionen entsprechen weitgehend den in Kapitel 9.2.9 beschriebenen.

9.5 Prävention

Angesichts der schwerwiegenden medizinischen (▶ Kap. 5) und psychosozialen (▶ Kap. 6) Folgen sowie der hohen volkswirtschaftlichen Kosten, die durch Alkoholmissbrauch und -abhängigkeit verursacht werden, kommt der Prävention, also vorbeugenden Maßnahmen, eine ganz wichtige Rolle zu. Die Ziele bzw. Aufgaben einer Prävention sollten sich an den Gegebenheiten orientieren, insbesondere an:

- dem häufig frühen Beginn der Alkoholerkrankung
- der hohen Zahl von Alkoholkranken und sekundär Betroffenen
- dem geringen Anteil der Alkoholkranken, die in eine suchtspezifische Behandlung kommen
- der Stigmatisierung der Betroffenen

Für Präventionsmaßnahmen sind Einteilungen nach unterschiedlichen Gesichtspunkten vorgeschlagen worden: Verhältnis- und Verhaltenprävention, primäre, sekundäre und tertiäre Prävention sowie universelle, selektive und indizierte Prävention (Korzcak 2018).

Universelle Maßnahmen sind auf Gruppen der unausgelesenen Normalbevölkerung ausgerichtet, die mehr oder weniger gefährdete als auch risikoarme Personen umfassen. Ähnliche Ziele hat auch eine Verhältnisprävention, die v. a. eine Veränderung der gesellschaftlichen Bedingungen in Bezug auf den Alkoholkonsum bewirken soll. Hierzu zählen v. a. politische Maßnahmen. In der internationalen Literatur werden aufgrund der vorliegenden Studiendaten als mögliche Maßnahmen diskutiert (WHO 2017):

- Beschränkung des Erwerbs von Alkoholika (durch eingeschränkte Verkaufszeiten und/oder Altersgrenze für Verkauf). So darf in anderen Ländern, z. B. vielen Bundesstaaten der USA, Alkohol erst an Personen, die älter als 21 Jahre sind, verkauft bzw. ausgeschenkt werden.
- Verteuerung der alkoholhaltigen Getränke (durch Steuern).
- Beschränkung der Werbung für alkoholische Getränke in den Medien, z. B. auch bei Sponsoring von Veranstaltungen, insbesondere für ein junges Publikum.

Bisher sind von der Politik in Deutschland außer Informations- und Aufklärungsprogrammen z. B: »Kenne Dein Limit« etc. (DKFZ 2017, S. 85–91, Drogen- und Suchtbericht 2019, S. 168–171) nur wenige entsprechende präventive Maßnahmen gegen erhöhten Alkoholkonsum veranlasst worden (z. B. Gesetz zur höheren Besteuerung der bei Jugendlichen sehr beliebten sogenannten »Alkopops«). Auch fehlt der politische Wille zur Durchsetzung des Verbots des Verkaufs von alkoholischen Getränken an Kinder und Jugendliche unter 16 Jahren wie im Jugendschutzgesetz vorgesehen. Die »Griffnähe« hat für den frühen Beginn des Trinkens bei Jugendlichen große Bedeutung. Der häufig in besonders von Jugendlichen besuchten Lokalen und Diskotheken im Vergleich zu alkoholischen Getränken höhere Preis für Softdrinks wie Cola etc. ist in diesem Zusammenhang als sehr bedenklich anzusehen.

Als eine weitere präventive Maßnahme sollte eine Entstigmatisierung der Alkoholkrankheit gefördert werden (▶ Kap. 6.1). Denn die Stigmatisierung führt dazu, dass es bei gefährdeten Personen zu sozialen Rückzugstendenzen bzw. zu vermehrtem Aufenthalt unter anderen Alkoholkranken (»Milieu«) kommt. Oft sind damit auch eine Selbststigmatisierung und eine geringe Erwartung verbunden, selbst etwas verändern zu können. Die Entstigmatisierung darf aber nicht zum Ziel haben, die Probleme im Zusammenhang mit der Alkoholkrankheit zu verharmlosen, sondern sollte durch die Erarbeitung von Lösungsmöglichkeiten für diese Probleme finden und entsprechende Unterstützungsmaßnahmen verfügbar machen (Schomerus und Rumpf 2017).

Selektive Präventionsmaßnahmen zielen auf Personengruppen, die ein erhöhtes Risiko für Alkoholprobleme aufweisen, ohne sie bereits zu zeigen (z. B. Kinder suchtkranker Eltern). Hierzu zählen u. a. Programme für junge Rauschtrinker und Jugendliche mit Verhaltens- oder psychischen Auffälligkeiten. Die Ergebnisse entsprechender Studien zeigen allenfalls geringe Erfolgsraten (Korzak 2018, S. 20–26).

Indizierte präventive Maßnahmen richten sich an gefährdete Personen, die bereits erste Symptome einer Alkoholerkrankung ausgebildet haben und/oder durch entsprechendes Problemverhalten schon aufgefallen sind. Die entsprechenden Interventionen sind auf eine Veränderung des Verhaltens ausgerichtet und werden daher auch als Verhaltensprävention bezeichnet. Sinnvoll sind entsprechende Interventionen bei Personengruppen, die bisher von sich aus noch keine Notwendigkeit sahen, ihr Trinkverhalten zu ändern. Hierzu gehören:

- Autofahrer, die aufgrund erhöhten Blutalkoholspiegels aufgefallen sind oder unter Alkoholeinfluss ein Unfall verursacht haben.
- Arbeitnehmer, die am Arbeitsplatz wegen Alkoholgenuss aufgefallen sind oder gefehlt haben.
- Patienten, die im Krankenhaus wegen alkoholassoziierter Erkrankungen aufgenommen wurden oder alkoholisiert zur (Not-)Aufnahme kommen oder während des stationären Aufenthaltes Entzugserscheinungen zeigen.
- Patienten, die darüber berichten, dass sie regelmäßig Alkohol trinken, z. B. um einzuschlafen oder um sich zu beruhigen bzw. ihre Ängste zu vermindern.
- Schwangere mit einem erhöhten Alkoholkonsum im Rahmen der Schwangerenberatung.

Bei den oben genannten Personenkreisen handelt es sich um sehr heterogene Gruppen. Für die Planung von Interventionen können die unterschiedlichen vorhandenen Störungen und die Motivationslage berücksichtigt werden. Besonders bei Personengruppen, die aktuell mit ihrem problematischen Alkoholkonsum konfrontiert worden sind, sind die Voraussetzungen für indizierte Interventionen günstig.

Korczak (2018) kommt in seinem systematischen Review von 74 vorwiegend ausländischen Studien zu evaluierten Alkohol-Präventionsprogrammen für Menschen bis zum 25. Lebensjahr zu dem Ergebnis, dass viele davon methodische Schwächen aufweisen. Er schließt mit der kritischen Zusammenfassung: »Bei Betrachtung der erzielten Ergebnisse der Interventionen stellt sich die gesundheitspolitische Frage, ob die erheblichen Aufwendungen vieler Präventionsprogramme die letztlich nur in wenigen Studien zu beobachtenden primären geringen und zumeist kurzfristigen Outcome-Effekte legitimieren. Es wird daher empfohlen, verstärkt deutsche Alkoholpräventionsprogramme auf ihre Wirkung hin zu evaluieren.«

10

Synopsis und Ausblick

Die Alkoholkrankheit ist eine der häufigsten chronischen Erkrankungen in Deutschland. Sie betrifft in erheblichem Maße auch das soziale Umfeld (▶ Kap. 6). Bei längerem erhöhtem Alkoholkonsum kommt es zudem oft zu körperlichen und psychischen Folgeerkrankungen (▶ Kap. 5). Da viele Alkoholkranke nur ärztliche Hilfe in Anspruch nehmen, wurden in diesem Buch die medizinischen Aspekte der Alkoholkrankheit ausführlich dargestellt. Der Umgang mit Alkoholkranken erfordert viel psychologisches Geschick, sei es bei einer akuten Intoxikation oder aber bei dem Bemühen, ihn zu einer alkoholspezifischen Behandlung zu bewegen. Hierzu sind meist mehrere »Anläufe« notwendig. Daher sollten die Therapieziele der jeweiligen Situation des Alkoholkranken angepasst werden, um ihn nicht zu überfordern (▶ Kap. 9.1).

10 Synopsis und Ausblick

Viele Alkoholkranke begeben sich nur wegen einer Folgeerkrankung (▶ Kap. 5) in ärztliche Behandlung. Oft besteht dann keine Bereitschaft zu der notwendigen Änderung des Trinkverhaltens (idealerweise zur Abstinenz). Aber einfache Therapiemöglichkeiten wie z. B. eine Tablette gegen Alkohol gibt es nicht. Dies liegt v. a. an den vielfältigen pharmakologischen Wirkungen von Alkohol (▶ Kap. 3). Neue wirksamere Medikamente zur Behandlung der Alkoholkrankheit sind daher nicht zu erwarten. Eine »Substitution« – wie von den Betroffenen nicht selten gewünscht – ist aus pharmakologischer Sicht nicht möglich.

So bleibt nur der lange und mühsame Weg einer »Entwöhnung«. Eine alkoholspezifische Entwöhnungstherapie bleibt aber nur wenigen Alkoholkranken vorbehalten. Daher wurden in diesem Buch die Grundzüge einer Therapie, insbesondere der Kontaktaufnahme und Motivation zur Veränderung sowie dem Umgang mit Rückfällen bzw. der Rückfallprävention (▶ Kap. 9) dargestellt.

Angesichts der vielfältigen und schwerwiegenden Folgen der Alkoholkrankheit für die Betroffenen und die Gesellschaft sind intensive politische Anstrengungen auf dem Gebiet der Prävention (▶ Kap. 9.5) und auch der Entstigmatisierung (▶ Kap. 6.1) erforderlich.

Literatur

Abrahao KP, Salinas AG, Lovinger DM (2017) Alcohol and the brain: Neuronal molecular targets, synapses, and circuits. Neuron 96: 1223–1238.

Adinoff B, Junghanns K, Kiefer F, Krishnan-Sarin S (2005) Suppression of the HPA axis stress-response: implications for relapse. Alcohol Clin Exp Res 29: 1351–1355.

Agabio R, Pisanu C, Gessa GL, Franconi F (2017) Sex differences in Alcohol Use Disorder. Curr Med Chem 24: 2661–2670.

Agabio R, Trogu E, Pani PP (2018) Antidepressants for the treatment of people with co-occurring depression and alcohol dependence. Cochrane Database Syst Rev. CD008581.

Akbar M, Egli M, Cho YE, Song BJ, Noronha A (2018) Medications for alcohol use disorders: An overview. Pharmacol Ther 185: 64–85.

Alonso J, de Jonge P, Lim CC, Aguilar-Gaxiola S, Bruffaerts R et al. (2014) Association between mental disorders and subsequent adult onset asthma. J Psychiatr Res 59: 179–188.

American Psychiatric Association (APA) (1994) Diagnostic and statistic manual of mental disorders. 4th edition. DSM-IV. American Psychiatric Press, Washington DC. Deutsche Übersetzung: Saß H, Wittchen H-U, Zaudig M (Hrsg.) (1996) Diagnostisches und statistisches Manual psychischer Störungen DSM-IV. Göttingen: Hogrefe.

American Psychiatric Association (APA) (2013) Diagnostic and statistic manual of mental disorders. 5th edition. DSM 5 ®. American Psychiatric Press, Washington DC. Deutsche Übersetzung: Falkai P, Wittchen HU. (Hrsg.) (2018) Diagnostisches und statistisches Manual psychischer Störungen DSM 5 ® 2.Aufl., Göttingen: Hogrefe.

Angermeycr MC, Matschinger H, Schomerus G (2013) Attitudes towards psychiatric treatment and people with mentel illness: changes over two decades. Br J Psychiatry 203: 146–151.

Anton RF, Moak, DH, Latham PK (1995) The obsessive compulsive drinking scale: a self-rated instrument for the quantification of thought about alcohol and drinking behavior. Alcohol Clin Exp Res 19: 92–99.

Anton RF, O'Malley SS, Ciraulo DA, Cisler RA, Couper D et al. (2006) Combined pharmacotherapies and behavioral interventions for alcohol dependence: the COMBINE study: a randomized controlled trial. JAMA 295: 2003–2017.

Appelbaum PS, Grisso T (1995) The MacArthur treatment competence study I. Law Hum Behav 19: 105–126.

Ariesen MJ, Claus SP, Rinkel GJ, Algra A (2003) Risk factors for intracerebral hemorrhage in the general population: a systematic review. Stroke 34: 2060–2065.

Atzendorf J, Rauschert C, Seitz N-N, Lochbühler K, Kraus L (2019) Gebrauch von Alkohol, Tabak, illegalen Drogen und Medikamenten. Dtsch Ärztebl. 116: 577–584.

AWMF 076-001 (2016) S3-Leitlinie:«Screening, Diagnose und Behandlung alkoholbezogener Störungen. https://www.awmf.org/uploads/tx_szleitlinien/076-001l_S3-Leitlinie_Alkohol_2016-02-abgelaufen.pdf (Zugriff am 08.11.2019).

Babor TF, Grant M (1989) From clinical research to secondary prevention: international collaboration in the development of the Alcohol Use Disorders Identification Test (AUDIT). Alcohol Health Res World 13: 371–374.

Babor TF, Hofmann M, DelBoca FK, Hesselbrock V, Meyer RE et al. (1992) Types of alcoholics. I. Evidence for an empirically derived topology based on indicators of vulnerabilitiy and severity. Arch Gen Psychiatry 49: 599–608.

Bachmeier R, Bick-Dresen S, Dreckmann I, Feindel H, Funke W et al. (2019) Effektivität der stationären Suchtrehabilitation – FVS-Katamnese des Entlassjahrgangs 2015. Sucht aktuell 34–50.

Backmund M, Schutz CG, Meyer K, Eichenlaub D, Soyka M (2003) Alcohol consumption in heroin users, methadone-substituted and codeine-substituted patients–frequency and correlates of use. Eur Addict Res 9: 45–50.

Bagnardi V, Rota M, Botteri E, Tramacere I, Islami F et al. (2015) Alcohol consumption and site-specific cancer risk: A comprehensive dose-response meta-analysis. Br J Cancer 112: 580–593.

Banger M, Philipp M, Herth T, Hebenstreit M, Aldenhoff J (1992) Development of a Rating Scale for Quantitative Measurement of the Alcohol Withdrawal Syndrome. Eur Arch Pscyhiatry Clin Neurosci 241: 241–246.

Barbier E, Johnstone AL, Khomtchouk BB, Tapocik JD, Pitcam C et al. (2017) Dependence-induced increase of alcohol self-administration and compulsive drinking mediated by the histone methyltransferase PRDM2. Mol Psychiatry 22: 1746–1758.

Bareham BK, Kaner E, Spencer LP, Hanratty B (2019) Drinking in later life: a systematic review and thematic synthesis of qualitative studies exploring older people's perceptions and experiences. Age Ageing 48: 134–146.

Barr T, Helms C, Grant K, Messaoudi I (2016) Opposing effects of alcohol on the immune system. Prog Neuropsychopharmacol Biol Psychiatry 65: 242–251.

Barve S, Chen S-Y, Kirpich I, Watson WH, McClain C (2017) Development, prevention and treatment of alcohol-induced organ injury. Alcohol Res 38: 289–302.

Bauer EB (2019) Umwelt und Epigenetik. Nervenarzt 90: 102–113.

Behrendt S, Bühringer G, Perkonigg A, Lieb R, Beesdo-Baum K (2013) Characteristics of developmentally early alcohol use disorder symptom reports: a prospective-longitudinal community study. Drug Alcohol Depend 131: 308–315.

Bell S, Britton A (2014) An exploration of the dynamic longitudinal relationship between mental health and alcohol consumption: a prospective cohort study. BMC Med 12: 91.

Berenz EC, Roberson-Nay R, Latendresse SJ, Mezuk B, Gardner CO et al. (2017) Posttraumatic stress disorder and alcohol dependence: Epidemiology and order of onset. Psychol Trauma 9: 485–492.

Bibel, 1. Buch Mose. (https://www.bibel-online.net/buch/luther_1912/1_mose/, Zugriff am 10.08.2020).

Bick-Dresen S, Bachmeier R, Deichler M-L, Forschner L, Funke W (2019) Effektivität der Ganztägig Ambulanten Suchtrehabilitation – FVS-Katamnese des Entlassjahrganges 2016 aus Einrichtungen Alkohol- und Medikamentenabhängiger. Sucht aktuell: 84–95.

Bischof G, Lange N, Rumpf H-J, Preuss UW (2019) Stellungnahme Dachgesellschaft Sucht: Reduziertes Trinken und Schadenminderung bei der Behandlung von Alkoholkonsumstörungen. Sucht 65: 115–134.

Bischof G, Meyer C, Batra A, Berndt J, Besser B et al. (2018) Angehörige Suchtkranker: Prävalenz, Gesundheitsverhalten und Depressivität. Sucht 64: 63–72.

Bishehsari F, Magno E, Swanson G, Desai V, Voigt RM et al. (2017) Alcohol and gut-derived inflammation. Alcohol Res 38: 163–171.

Block I, Loeber S (2018) Evidenzbasierte Psychotherapie bei Abhängigkeitserkrankungen. Nervenarzt 89: 283–289.

Bott K, Meyer C, Rumpf HJ, Hapke U, John U (2005) Psychiatric disorders among at-risk consumers of alcohol in the general population. J Stud Alcohol 66:246–253.

Bowen S, Chawla N, Marlatt GA (2012) Achtsamkeitsbasierte Rückfallprävention bei Substanzabhängigkeit. Weinheim: Beltz.

Brennan PL, Schutte KK, Moos BS, Moos RH (2011) Twenty-year alcohol-consumption and drinking-problem trajectories of older men and women. J Stud Alcohol Drugs 72: 308–321.

Britton A, Ben-Shlomo Y, Benzeval M, Kuh D, Bell S (2015) Life course trajectories of alcohol consumption in the United Kingdom using longitudinal data from nine cohort studies. BMC Med 13: 47.

Brunold R (2014). Geschichte des Alkohols von der Antike bis zur Weimarer Republik. (https://www.geschichte-lernen.net/geschichte-des-alkohols-antike-bis-weimarer-republik/, Zugriff am 05.08.2020).

Bundessozialgericht, Urteil v. 18.6.1968- 3 RK 63/66.

BUSS (Bundesverband stationärer Suchthilfe e. V.) (2011) Auswertung der Basisdaten zum Entlassungsjahrgang 2010 (https://suchthilfe.de/informationen/basisdaten_2010_110810.pdf, Zugriff am 08.11.2019).

Cederbaum AI (2012) Alcohol metabolism. Clin Liver Dis 16: 667–685.

Chakravorty S, Chaudhary NS, Brower KJ (2016) Alcohol dependence and its relationship with insomnia and other sleep disorders. Alcohol Clin Exp Res 40: 2271–2282.

Charlet K, Heinz A (2017) Harm reduction-a systematic review on effects of alcohol reduction on physical and mental symptoms. Addict Biol 22: 1119–1159.

Chick J, Lloyd G, Crombie E (1985) Counseling problem drinkers in medical wards: a controlled study. Brit Med J 290: 965–967.

Chung T, Cornelius J, Clark D, Martin C (2017) Greater prevalence of proposed ICD-11 alcohol and cannabis dependence compared to ICD-10, DSM-IV, and DSM-5 in treated adolescents. Alcohol Clin Exp Res 41: 1584–1592.

Cloninger CR (1987) Neurogenetic adaptive mechanisms in alcoholism. Science 236: 410–416.

Cloninger CR, Bohman M, Sigvardson S (1981) Inheritance of alcohol abuse: Crossfostering analysis of adapted men. Arch Gen Psychiatry 38: 861–868.

Collins SE (2016) Associations between socioeconomic factors and alcohol outcomes. Alcohol Res 38: 83–94.

Collins SE, Taylor E, Jones C, Haelsig L, Grazioli VS et al. (2018) Content analysis of advantages and disadvantages of drinking among individuals with the lived experience of homelessness and Alcohol Use Disorders. Subst Use Misuse 53:16–25.

Colrain IM, Nicholas CL, Baker FC (2014). Alcohol and the sleeping brain. Handb Clin Neurol 125: 415–431.

Crews FT, Robinson DL, Chandler LJ, Ehlers CL, Mulholland PJ et al. (2019) Mechanisms of persistent neurobiological changes following adolescent alcohol exposure: NADIA Consortium findings. Alcohol Clin Exp Res 43: 1806–1822.

Crum RM, Ford DE, Storr CL, Chan YF (2004) Association of sleep disturbance with chronicity and remission of alcohol dependence: data from a population-based prospective study. Alcohol Clin Exp Res 28: 1533–1540.

Cui C, Koob GF (2017) Titrating tipsy targets: the neurobiology of low-dose alcohol. Trends Pharmacol Sci 38: 556–568.

Cutler RB, Fishbain DA (2005) Are alcoholism treatments effective? The Project MATCH data. BMC Public health 5: 75.

Daeppen JB, Gache P, Landry U, Sekera E, Schweizer V, Gloor S, Yersin B (2002) Symptom-triggered vs fixed-schedule doses of benzodiazepine for alcohol withdrawal: a randomized treatment trial. Arch Intern Med 162:1117–1121.

DAK (2019) Gesundheitsreport 2019, Hamburg. (https://www.dak.de/dak/download/dak-gesundheitsreport-2019-sucht-pdf-2073718.pdf, Zugriff am 08.11.2019).

Dauber H, Pogarell O, Kraus L, Braun B (2018) Older adults in treatment for alcohol use disorders: service utilisation, patient characteristics and treatment outcomes. Subst Abuse Treat Prev Policy 13: 40.

Davis P, Patton R, Jackson S (2018) Addiction: Psychology and treatment. West Sussex: Wiley.

Dawson DA, Goldstein RB, Grant BF (2007) Rates and correlates of relapse among individuals in remission from DSM-IV alcohol dependence: a 3-year follow-up. Alcohol Clin Exp Res 31: 2036–2045.

de la Monte SM, Kril JJ (2014) Human alcohol-related neuropathology. Acta Neuropathol 127: 71–90.

Degenhardt L, Bharat C, Bruno R, Glantz MD, Sampson NA et al. (2019) Concordance between the diagnostic guidelines for alcohol and cannabis use disorders in the draft ICD-11 and other classification systems: analysis of data from the WHO's World Mental Health Surveys. Addiction 114: 534–552.

Dietrich O, Heun M, Notroff J, Schmidt K, Zarnkow M (2012) The role of cult and feasting in the emergence of Neolithic communities. New evidence from Göbekli Tepe, south-eastern Turkey. Antiquity 86: 674–695.

DKFZ (Deutsches Krebsforschungszentrum) (2017) Alkoholatlas Deutschland 2017 https://www.dkfz.de/de/tabakkontrolle/download/Publikationen/sonst Veroeffentlichungen/Alkoholatlas-Deutschland-2017_Doppelseiten.pdf (Zugriff 08.11.2019).

Driessen M, Lange W, Junghanns K, Wetterling T (2005) Proposal of a comprehensive clinical typology of alcohol withdrawal-a cluster analysis approach. Alcohol Alcohol 40: 308–313.

Driessen M, Meier S, Hill A, Wetterling T, Lange W et al. (2001) The course of anxiety, depression, and drinking behaviours after completed detoxification in alcoholics with and without comorbid anxiety and depressive disorders. Alcohol Alcohol 36: 249–255.

Drogen- und Suchtbericht (2019) (https://www.drogenbeauftragte.de/filead min/dateien-dba/Drogenbeauftragte/4_Presse/1_Pressemitteilungen/2019/ 2019_IV.Q/DSB_2019_mj_barr.pdf, Zugriff am 10.08.2020).

Drummond DC, Cooper T, Glautier (1990) Conditioned learning in alcohol dependence: Implications for cue exposure treatment. Br J Addiction 85: 725–743.

Drummond SP, Gillin JC, Smith TL, DeModena A (1998) The sleep of abstinent pure primary alcoholic patients: natural course and relationship to relapse. Alcohol Clin Exp Res 2: 1796–1802.

DRV (https://www.deutsche-rentenversicherung.de/DRV/DE/Reha/Medizini sche-Reha/Sucht-Reha/sucht-reha.html, Zugriff am 03.08.2020).

Dunn W, Shah VH (2016) Pathogenesis of alcoholic liver disease. Clin Liver Dis 20: 445–456.

Durazzo TC, Mon A, Gazdzinski S, Meyerhoff DJ (2017) Regional brain volume changes in alcohol-dependent individuals during early abstinence: associations with relapse following treatment. Addict Biol 22:1416–1425.

Dyer ML, Easey KE, Heron J, Hickman M, Munafò MR (2019) Associations of child and adolescent anxiety with later alcohol use and disorders: a systematic review and meta-analysis of prospective cohort studies. Addiction 114: 968–982.

EASL/AASLD (2014) Hepatic encephalopathy in chronic liver disease: 2014 Practice guideline by the European Association for the Study of the Liver and the American Association for the Study of Liver Diseases. J Hepatol 61: 642–659.

Ebrahim IO, Shapiro CM, Williams AJ, Fenwick PB (2013) Alcohol and sleep I: effects on normal sleep. Alcohol Clin Exp Res 37: 539–54.

EMA (European-Medicines-Agency) (2010): Guideline on the development of medicinal products for the treatment of alcohol dependence. (http://www. ema.europa.eu/docs/en_GB/document_library/Scientific_guideline/2010/ 03/WC500074898.pdf, Zugriff am 07.08.2019).

Engelhard CP, Touquet G, Tansens A, De Fruyt J (2015) Psychotische stoornis door alcohol: een systematisch literatuuroverzicht. Tijdschr Psychiatr 57: 192–201.

Eriksson A-K, Löfving S, Callaghan RC, Allebeck P (2013) Alcohol use disorders and risk of Parkinson's disease: findings from a Swedish national cohort study 1972–2008. BMC Neurology 13:190.

EuropASI (Euopean addition severity index) (www.emcdda.europa.eu, Zugriff am 24.08.2019).

Falk DE, O'Malley SS, Witkiewitz K, Anton RF, Litten RZ et al. (2019) Evaluation of drinking risk levels as outcomes in alcohol pharmacotherapy trials: A secondary analysis of 3 randomized cinical trials. JAMA Psychiatry 76: 374–381.

Fazel S, Khosla V, Doll H, Geddes J (2008) The prevalence of mental disorders among the homeless in western countries: systematic review and meta-regression analysis. PLoS Med 5: e225.

Fernández-Solà J, Planavila Porta A (2016) New treatment strategies for alcohol-induced heart damage. Int J Mol Sci 17: pii: E1651.

Fischer JA, Najman JM, Plotnikova M, Clavarino AM (2015) Quality of life, age of onset of alcohol use and alcohol use disorders in adolescence and young adulthood: Findings from an Australian birth cohort. Drug Alcohol Rev 34: 388–396.

Flassbeck J (2010) Co-Abhängigkeit: Diagnose, Ursachen und Therapie für Angehörige von Suchtkranken. Stuttgart: Klett-Cotta.

Fleischmann H (2014) Ist kontrolliertes Trinken ein sinnvolles Therapieziel bei Alkoholabhängigkeit? Kontra. Nervenarzt 85: 889–890.

Foster KT, Hicks BM, Iacono WG, McGue M (2014) Alcohol use disorder in women: Risks and consequences of an adolescent onset and persistent course. Psychol Addict Behav 28: 322–335.

Friend KB, Pagano ME (2005) Changes in cigarette consumption and drinking outcomes: findings from Project MATCH. J Subst Abuse Treat 29: 221–229.

Frye MA, Hinton DJ, Karpyak VM, Biernacka JM et al. (2016) Elevated glutamate levels in the left dorsolateral prefrontal cortex are associated with higher cravings for alcohol. Alcohol Clin Exp Res 40: 1609–1616.

Fung P, Pyrsopoulos N (2017) Emerging concepts in alcoholic hepatitis. World J Hepatol 9: 567–585.

GBD 2015 Risk Factors Collaborators (2016) Global, regional, and national comparative risk assessment of 79 behavioural, environmental and occupational, and metabolic risks or clusters of risks, 1990-2015: a systematic analysis for the Global Burden of Disease Study 1015. Lancet 388: 1659–1724.

GBD 2016 Alcohol Collaborators (2018) Alcohol use and burden for 195 countries and territories, 1990-2016: a systematic analysis for the Global Burden of Disease Study 2016. Lancet 392: 1015–1035.

Gilg T (1995) Diagnose von Alkoholmißbrauch und Alkoholismus, biologische und biochemische Alkoholismusmarker bzw. -parameter. In: Soyka M (Hrsg.) Die Alkoholkrankheit-Diagnose und Therapie. Weinheim: Chapman + Hill. S. 79–104.

Gillin JC, Smith TL, Irwin M, Kripke DF, Schuckit M (1990) EEG sleep studies in »pure« primary alcoholism during subacute withdrawal: relationships to normal controls, age, and other clinical variables. Biol Psychiatry 27: 477–488.

Goodson CM, Clark BJ, Douglas IS (2014) Predictors of severe alcohol withdrawal syndrome: a systematic review and meta-analysis. Alcohol Clin Exp Res 38: 2664–2677.

Grad S, Abenavoli L, Dumitrascu DL (2016) The effect of alcohol on gastrointestinal motility. Rev Recent Clin Trials 11: 191–195.

Grant BF, Goldstein RB, Saha TD, Chou SP, Jung J et al. (2015) Epidemiology of DSM-5 alcohol use disorder: Results from the National Epidemiologic Survey on Alcohol and Related Conditions III. JAMA Psychiatry 72: 757–766.

Grawe K (1995) Grundriß einer Allgemeinen Psychotherapie. Psychotherapeut 40: 130–145.

Guggenmos M, Schmack K, Sekutowicz M, Garbusow M, Sebold AM et al. (2017) Quantitative neurological evidence for accelerated brain aging in alcohol dependence. Translational Psychiatry 7: 1279.

Halonen JI, Stenholm S, Pulakka A, Kawachi I, Aalto V et al. (2017) Trajectories of risky drinking around the time of statutory retirement: a longitudinal latent class analysis. Addiction 112: 1163–1170.

Hasin DS, Wall M, Witkiewitz K, Kranzler HR, Falk D et al. (2017) Change in non-abstinent WHO drinking risk levels and alcohol dependence: a 3 year follow-up study in the US general population. Lancet Psychiatry 4: 469–476.

Heath AC, Bucholz KK, Madden PA, Dinwiddie SH, Slutske WS et al. (1997) Genetic and environmental contributions to alcohol dependence risk in a national twin sample: consistency of findings in women and men. Psychol Med 27:1381–1396.

Heit C, Dong H, Chen Y, Thompson DC, Deitrich RA, Vasiliou VK (2013) The role of CYP2E1 in alcohol metabolism and sensitivity in the central nervous system. Subcell Biochem 67: 235–247.

Hillemacher T, Frieling H (2019) Pharmacotherapeutic options for co-morbid depression and alcohol dependence. Expert Opin Pharmacother 20: 547–569.

Hillmer AT, Mason GF, Fucito LM, O`Malley SS, Cosgrove KP (2015) How imaging glutamate, GABA, and dopamine can inform clinical treatment of alcohol dependence and withdrawal. Alcohol Clin Exp Res 39: 2268–2282.

Hofheinz C, Soellner R (2018) Belastungserleben Angehöriger von Suchtkranken – Welche Rolle spielen Beziehungsstatus und Knsummittel? Sucht 64: 75–83.

Holland MG, Ferner RE (2017) A systematic review of the evidence for acute tolerance to alcohol – the »Mellanby effect«. Clin Toxicol (Phila) 55: 545–556.

Homer. Odyssee (diverse Übersetzung sind erhältlich)

Howard RJ, Slesinger PA, Davies D, Das J et al. (2011) Alcohol-binding sites in distinct brain proteins: The quest for atomic level resolution. Alcohol Clin Exp Res 35: 1561–1573.

Hsu TY, He GY, Wang YC, Chen C-Y et al. (2015) Alcohol Use Disorder increases the risk of irritable bowel disease: A nationwide retrospective cohort study. Medicine (Baltimore) 94: e2334.

Hufford MR (2001) Alcohol and suicidal behavior. Clin Psychol Rev 21:797–811.

Huggett SB, Hatoum AS, Hewitt JK, Stallings MC (2018) The speed of progression to tobacco and alcohol dependence: A twin study. Behav Genet 48: 109–124.

IHME (Institute for Health Metrics and Evaluation) (http://www.healthdata.org/germany, Zugriff am 11.11.2019).

Imtiaz S, Shield KD, Roerecke M, Samokhvalov AV, Lönnroth K, Rehm J (2017) Alcohol consumption as a risk factor for tuberculosis: meta-analyses and burden of disease. Eur Respir J. 50:1700216.

Ipser JC, Wilson D, Akindipe TO, Sager C, Stein DJ (2015) Pharmacotherapy for anxiety and comorbid alcohol use disorders. Cochrane Database Syst Rev CD007505.

Islam MM, Hoffmann MW, Rahman MB (2019) Knowledge of low-risk drinking and its relationship with a reduction in alcohol consumption: Results from six waves of an Australian national survey. Addict Behav 95: 172–177.

Jangra A, Sriram CS, Pandey S, Choubey P et al. (2016) Epigenetic modifications, alcoholic brain and potential drug targets. Ann Neurosci 23: 246–260.

Janiri D, Di Nicola M, Martinotti G, Janiri L (2017) Who's the leader, mania or depression? Predominant polarity and alcohol/polysubstance use in bipolar disorders. Curr Neuropharmacol 15: 409–416.

Jeanblanc J, Lemoine S, Jeanblanc V, Alaux-Cantin S, Naassila M (2015) The Class I-specific HDAC inhibitor MS-275 decreases motivation to consume alcohol and relapse in heavy drinking rats. Int J Neuropsychopharmacol 18: pyv029.

Jellinek EM (1960) The disease concept of alcoholism. New Haven: Hillhouse.

Jeong JE, Joo SH, Hahn C, Kim DJ, Kim TS (2019) Gender-specific association between alcohol consumption and stress perception, depressed mood, and suicidal Ideation: The 2010-2015 KNHANES. Psychiatry Investig 16: 386–396.

John U, Hapke U, Rumpf HJ (2001a) Missbrauch oder Abhängigkeit von Alkohol. Frühdiagnostik und Frühinterventioon in der Praxis. Dtsch. Ärztebl 98: A 2438–A2442.

John U, Veltrup C, Driessen M, Wetterling T, Dilling H (2001b) Motivationsarbeit mit Alkoholabhängigen. Freiburg/Br: Lambertus.

Johnson EC, St Pierre CL, Meyers JL, Aliev F, McCutcheon VV et al. (2019) The genetic relationship between alcohol consumption and aspects of problem drinking in an ascertained sample. Alcohol Clin Exp Res 43: 1113–1125.

Jones RM, Lichtenstein P, Grann M, Långström N, Fazel S (2011) Alcohol use disorders in schizophrenia: a national cohort study of 12,653 patients. J Clin Psychiatry 72: 775–779.

Junghanns K, Backhaus J, Tietz U, Lange W, Rink L et al. (2005) The consumption of cigarettes, coffee and sweets in detoxified alcoholics and ist association with relapse and a family history of alcoholism. Eur Psychiatry 20: 451–455.

Junghanns K, Backhaus J, Veltrup C, Dageförde J, Brückmann H et al. (2004) Mildly disturbed hepatic and pancreatic function during early abstention from alcohol is associated with brain atrophy and with disturbed psychometric performance. Alcohol Alcohol 39: 113–118.

Junghanns K, Veltrup C, Wetterling T (2000) Craving-shift in chronic alcoholics. Eur Add Res 6: 64–70.

Junghanns K, Wetterling T (2017) Der komplizierte Alkoholentzug: Grand-Mal-Anfälle, Delir und Wernicke-Enzephalopathie. Fortschr Neurol Psychiat 85: 163–177.

Kaner EF, Beyer FR, Garnett C, Crane D, Brown J et al. (2017) Personalised digital interventions for reducing hazardous and harmful alcohol consumption in community-dwelling populations. Cochrane Database Syst Rev. CD011479.

Kaner EF, Beyer FR, Muirhead C, Campbell F, Pienaar ED et al. (2018) Effectiveness of brief alcohol interventions in primary care populations. Cochrane Database Syst Rev. CD004148.

Kaplan LM, Greenfield TK, Karriker-Jaffe KJ (2018) Examination of associations between early life victimisation and alcohol's harm from others. Drug Alcohol Rev 37: 365–374.

Kendler KS, Lönn SL, Salvatore J, Sundquist J, Sundquist K (2017a) Divorce and the onset of Alcohol Use Disorder: A Swedish population-based longitudinal cohort and co-relative study. Am J Psychiatry 174: 451–458.

Kendler KS, Ohlsson H, Karriker-Jaffe KJ, Sundquist J, Sundquist K (2017b) Social and economic consequences of alcohol use disorder: a longitudinal cohort and co-relative analysis. Psychol Med 47: 925–935.

Kendler KS, Ohlsson H, Sundquist J, Sundquist K (2016) Alcohol Use Disorder and mortality across the lifespan: A longitudinal cohort and co-relative analysis. JAMA Psychiatry 73: 575–581.

Klemperer EM, Hughes JR, Naud S (2018) Study characteristics influence the efficacy of substance abuse treatments: A meta-analysis of medications for alcohol use disorder. Drug Alcohol Depend 190:229–234.

Knott CS, Bell S, Britton A (2018) The stability of baseline-defined categories of alcohol consumption during the adult life-course: a 28-year prospective cohort study. Addiction. 113: 34–43.

Koob GF (2014) Neurocircuitry of alcohol addiction: synthesis from animal models. Handb Clin Neurol 125: 33–54.

Koob GF, Colrain IM (2020) Alcohol use disorder and sleep disturbances: a feed-forward allostatic framework. Neuropsychopharmacology 45: 141–165.

Kopelman MD (1987) Amnesia: organic and psychogenic. Br J Psychiatry 150: 428–442.

Körkel J (2010) Rückfall muss keine Katastrophe sein: Ein Leitfaden für Abhängige, Angehörige und Helfer. Lüdenscheid: Blaukreuz-Verlag.

Körkel J (2013) Kontrolliertes Trinken-So reduzieren Sie ihren Alkoholkonsum. Stuttgart: Trias.

Körkel J (2015) Kontrolliertes Trinken bei Alkoholkonsumstörungen: Eine systematische Übersicht. Sucht 61: 147–174.

Körkel J, Schindler C (2020) Rückfallprävention mit Alkoholabhängigen. 2.Aufl. Berlin: Springer.

Korzcak D (2018) Systematischer Review zur Prävention des Alkoholmissbrauchs bei Kindern, Jugendlichen und jungen Erwachsenen-Ergebnisbericht. Berlin: GKV-Spitzenverband.

Koskinen J, Löhönen J, Koponen H, Isohanni M, Miettunen J (2009) Prevalence of alcohol use disorders in schizophrenia – a systematic review and meta-analysis. Acta Psychiatr Scand 120: 85–96.

Kourkoumpetis T, Sood G (2019) Pathogenesis of Alcoholic Liver Disease: An Update. Clin Liver Dis 23: 71–80.

Kraus L, Seitz NN, Shield KD, Gmel G, Rehm J (2019) Quantifying harms to others due to alcohol consumption in Germany: a register-based study. BMC Med 17: 59.

Küfner H, Feuerlein W, Huber M (1988) Die stationäre Behandlung von Alkoholabhängigen: Ergebnisse der 4-Jahreskatamnesen, mögliche Konsequenzen für Indikationsstellung und Behandlung. Suchtgefahren 34: 157–272.

Lago L, Bruno R, Degenhardt L (2016) Concordance of ICD-11 and DSM-5 definitions of alcohol and cannabis use disorders: a population survey. Lancet Psychiatry 3: 673–684.

Landgraf MN, Hoff T (2018) Fetale Alkoholspektrumstörungen. Stuttgart: Kohlhammer.

Leclercq S, Stärkel P, Delzenne NM, de Timary P (2019) The gut microbiota: A new target in the management of alcohol dependence? Alcohol 74: 105–111.

Lesch OM (1985) Chronischer Alkoholismus. Typen und ihr Verlauf- eine Langzeitstudie. Stuttgart: Thieme Copythek.

Lesch OM, Walter H (1996) Subtypes of alcoholism and their role in therapy. Alcohol Alcohol 31, Suppl 1:63–67.

Lieber CS (2004) The discovery of the microsomal ethanol oxidizing system and its physiologic and pathologic role. Drug Metab Rev 36: 511–529.

Lindenmeyer J (2016a) Alkoholabhängigkeit. 3. Aufl. Göttingen: Hogrefe.

Lindenmeyer J (2016b) Lieber schlau als blau. 9. Aufl. Weinheim: Beltz.

Liu L, Wang J, Rosenberg D, Zhao H, Lengyel G et al. (2018) Fermented beverage and food storage in 13,000 y-old stone mortars at Raqefet Cave, Israel: Investigating Natufian ritual feasting. J Archaelogical Sci Rep 21: 783–793.

Lundin A, Hallgren M, Forsman M, Forsell Y (2015) Comparison of DSM-5 classifications of alcohol use disorders with those of DSM-IV, DSM-III-R, and ICD-10 in a general population sample in Sweden. J Stud Alcohol Drugs 76: 773–780.

Luquiens A, Rolland B, Pelletier S, Alarcon R, Donnadieu-Rigole H et al. (2019) Role of patient sex in early recovery from alcohol-related cognitive impairment: Women penalized. J Clin Med 8: 790.

Magnusdottir BA, Baldursdottir MB, Kalaitzakis E, Björnsson ES (2019) Risk factors for chronic and recurrent pancreatitis after first attack of acute pancreatitis. Scand J Gastroenterol 54: 87–94.

Magnusson Å, Lundholm C, Göransson M, Copeland W, Heilig M et al. (2012) Familial influence and childhood trauma in female alcoholism. Psychol Med 42: 381–389.

Maisto SA, Hallgren KA, Roos CR, Witkiewitz K (2018) Course of remission from and relapse to heavy drinking following outpatient treatment of alcohol use disorder. Drug Alcohol Depend 187:319–326.

Malcolm R, Myrick H, Roberts J, Wang W, Anton RF, Ballenger JC (2002) The effects of carbamazepine and lorazepam on single versus multiple previous alcohol withdrawals in an outpatient randomized trial. J Gen Intern Med 17: 349–355.

Manhica H, Lundin A, Danielsson AK (2019) Not in education, employment, or training (NEET) and risk of alcohol use disorder: a nationwide register-linkage study with 485 839 Swedish youths. BMJ Open 9: e032888.

Mann K, Ackermann K (2000) Die OCDS-G: Psychometrische Kennwerte der deutschen Version der Obsessive Compulsive Drinking Scale. Sucht 46: 90–100.

Mann K, Aubin HJ, Witkiewitz K (2017) Reduced drinking in alcohol dependence treatment, What is the evidence? Eur Addict Res 23: 219–230.

Mann K, Torup L, Sørensen P, Gual A, Swift R et al. (2016) Nalmefene for the management of alcohol dependence: review on its pharmacology, mechanism of action and meta-analysis on its clinical efficacy. Eur Neuropsychopharmacol. 26:1941–1949.

Marlatt GA, Donovan DM (2005) Relapse prevention. Maintenance strategies in the treatment of addictive behaviors (2. Aufl.) New York: Guilford.

Marlatt GA, Gordon JR (1985) Relapse prevention. Maintenance strategies in the treatment of addictive behaviors (1. Aufl.) New York: Guilford.

Marlatt GA, Larimer ME, Witkiewitz K (Hrsg.) (2012) Harm reduction: Pragmatic strategies for managing high-risk behaviors. (2. Aufl.). New York: Guilford Press.

Martin PR, Singleton CK, Hiller-Sturmhöfel S (2003) The role of thiamine deficiency in alcoholic brain disease. Alcohol Res Health 27: 134–142.

Masood B, Lepping P, Romanov D, Poole R (2018) Treatment of alcohol-induced psychotic disorder (Alcoholic hallucinosis) – A systematic review. Alcohol Alcohol 53: 259–267.

McBride O, Adamson G, Cheng HG, Slade T (2014) Changes in drinking patterns in the first years after onset: a latent transition analysis of National Epidemiologic Survey on Alcohol and Related Conditions (NESARC) data. Psychol Addict Behav 28: 696–709.

McCrady BS, Epstein EE (2009) Overcoming alcohol problems: A couples focused program. Therapist guide. NewYork: Oxford University Press.

Meier P, Seitz HK (2008) Age, alcohol metabolism and liver disease. Curr Opin Clin Nutr Metab Care 11: 21–26.

Mellanby E (1919) Alcohol: its absorption into and disappearance from blood under different conditions. Brit Med Res Comm. Special report Series No 3, London, H.M.S.O.

Mellentin AI, Skøt L, Nielsen B, Schippers GM, Nielsen AS et al. (2017) Cue exposure therapy for the treatment of alcohol use disorders: A meta-analytic review. Clin Psychol 57:195–207.

Mellion M, Gilchrist JM, De la Monte S (2011) Alcohol-related peripheral neuropathy: Nutritional, toxic, or both? Muscle & Nerve 43: 309–316.

Metha AJ, Guidot DM (2017) Alcohol and lung. Alcohol Res 38: 243–254.

Meyer A, Wapp M, Strik W, Moggi F (2014) Association between drinking goal and alcohol use one year after residential treatment: a multicenter study. J Addict Dis 33: 234–242.

Meyers RJ, Smith JL (2017) CRA-Manual zur Behandlung von Alkoholabhängigkeit: erfolgreicher behandeln durch positive Verstärkung im sozialen Bereich. 5. Aufl. Bonn: Psychiatrie-Verlag.

Miguel-Hidalgo JJ (2018) Molecular neuropathology of astrocytes and oligodendrocytes in Alcohol Use Disorders. Front Mol Neurosci 11:78.

Miller WR, Rollnick S (1991) Motivational interviewing: helping people change. New York: Guildford Press.

Miller WR, Rollnick S (2013) Motivational interviewing: helping people change. 3rd ed. New York: Guildford Press; deutsch: Reuß J, Trunk C (2015) Motivierende Gesprächsführung: Motivational Interviewing. 4. Aufl. Freiburg: Lambertus.

Moghe A, Joshi-Barve S, Ghare S, Gobejishvili L, Kirpich I et al. (2011) Histone modifications and alcohol-induced liver disease: Are altered nutrients the missing link? World J Gastroenterol 17: 2465–2472.

Molina PE, Gardner JD, Souza-Smith FM, Whitaker AM (2014) Alcohol abuse: Critical pathophysiological processes and contribution to disease burden. Physiology (Bethesda) 29: 203–215.

Monnig MA, Tonigan JS, Yeo RA, Thoma RJ, McCrady BS (2013) White matter volume in alcohol use disorders: a meta-analysis. Addict Biol 18: 581–592.

Monnig MA, Yeo RA, Tonigan JS, McCrady BS, Thoma RJ et al. (2015). Associations of white matter microstructure with clinical and demographic characteristics in heavy drinkers. PLoS One 10: e0142042.

Monti PM, Kadden R, Rohsenow DJ, Cooney N, Abrams DB (2002) Treating alcohol dependence: A coping skills training guide. 2. Aufl. New York: Guilford Press.

Morel A, Grall-Bronnec M, Bulteau S, Chauvin-Grelier P, Gailledrat L et al. (2016) Benzodiazepine dependence in subjects with alcohol use disorders: what prevalence? Expert Opin Drug Saf 15: 1313–1319.

Morgan MY (2015) Acute alcohol toxicity and withdrawal in the emergency room and medical admissions unit. Clin Med 15: 486–489.

Most D, Ferguson L, Harris RA (2014) Molecular basis of alcoholism. Handb Clin Neurol 125: 89–111.

Müller CA, Schäfer M, Schneider S, Heimann HM, Hinzpeter A et al. (2010) Efficacy and safety of levetiracetam for outpatient alcohol detoxification. Pharmacopsychiatry 43: 184–189.

Munukutla S, Pan G, Deshpande M, Thandavarayan RA, Krishnamurthy P et al. (2016) Alcohol toxicity in diabetes and its complications: A double trouble? Alcohol Clin Exp Res 40: 686–697.

Mutschler J, Soyka M (2017) Medikamentöse rückfallprophylaktische Behandlung der Alkoholabhängigkeit: Ergebnisse aktueller Metaanalysen. Nervenarzt 88: 303–307.

Na H-K, Lee J Y (2017) Molecular basis of alcohol-related gastric and colon cancer. Int J Mol Sci 18: 1116.

NESARC (2006) Alcohol use and alcohol use disorders in the United States. (https://pubs.niaaa.nih.gov/publications/NESARC_DRM/NESARCDRM.pdf, Zugriff am 11.11.2019).

Neumann E, Bick-Dresen S, Missel P, Bachmeier R, Fölsing S et al. (2019) Effektivität der ambulanten Suchtrehabilitation – FVS-Katamnese des Entlassjahrgangs 2016 von Ambulanzen für Alkohol- und Medikamentenabhängige. Sucht aktuell: 75–83.

Newton-Howes G, Foulds J (2018) Personality disorder and treatment outcome in alcohol use disorder. Curr Opin Psychiatry 31: 50–56.

NICE (2017) National Institute for Health and Clinical Excellence) Alcohol-use disorders: diagnosis and management of physical complications Clinical guideline CG100. (https://www.nice.org.uk/guidance/cg100, Zugriff am 07.11.2019).

Nickel M, Gu C (2018) Regulation of central nervous system myelination in higher brain functions. Neural Plast 2018: 6436453.

Nicolas JM, Fernandez-Sola J, Estruch R, Pare JC, Sacanella E et al. (2002) The effect of controlled drinking in alcoholic cardiomyopathy. Ann Intern Med 136: 192–200.

Nordentoft M, Wahlbeck K, Hällgren J, Westman J, Ösby U et al. (2013) Excess mortality, causes of death and life expectancy in 270,770 patients with recent onset of mental disorders in Denmark, Finland and Sweden. PLoS ONE 8: e55176.

Nurnberger JI Jr, Wiegand R, Bucholz K, O'Connor S, Meyer ET et al. (2004) A family study of alcohol dependence: coaggregation of multiple disorders in relatives of alcohol-dependent probands. Arch Gen Psychiatry 61:1246–1256.

O'Donnell MJ, Chin SL, Rangarajan S, Xavier D, Liu L et al. (2016) Global and regional effects of potentially modifiable risk factors associated with acute stroke in 32 countries (INTERSTROKE): a case-control study. Lancet 388: 761–775.

Oneta CM, Pedrosa M, Rüttimann S, Russell RM, Seitz HK (2001) Age and bioavailability of alcohol. Z Gastroenterol 39: 783–788.

Osna NA, Donojue TM, Kharbanda KK (2017) Alcoholic liver disease: Pathogenesis and current management. Alcohol Res 38: 147–161.

Pacini M, Maremmani AG, Ceccanti M, Maremmani I (2015). Former heroin-dependent alcohol use disorder patients. Prevalence, addiction history and clinical features. Alcohol Alcohol 50: 451–457.

Palpacuer C, Duprez R, Huneau A, Locher C, Boussageon R et al. (2018) Pharmacologically controlled drinking in the treatment of alcohol dependence or alcohol use disorders: a systematic review with direct and network meta-analyses on nalmefene, naltrexone, acamprosate, baclofen and topiramate. Addiction 113: 220–237.

Pandey SC, Kyzar EJ, Zhang H (2017) Epigenetic basis of the dark side of alcohol addiction. Neuropharmacology 122: 74–84.

Parira T, Laverde A, Agudelo M (2017) Epigenetic Interactions between alcohol and cannabinergic effects: Focus on histone modification and DNA methylation. J Alcohol Drug Depend 5: 259.

Passow D, Schläfke D (2017)/ Delinquenz und Sucht. Stuttgart: Kohlhammer.

Peana AT, Sánchez-Catalán MJ, Hipólito L, Rosas M, Porru S et al. (2017) Mystic acetaldehyde: The never-ending story on alcoholism. Front Behav Neurosci 11:81.

Peltier MR, Verplaetse TL, Mineur YS, Petrakis IL, Cosgrove KP et al. (2019) Sex differences in stress-related alcohol use. Neurobiol Stress 10:100149.

Piano MR (2017) Alcohol's effects on the cardiovascular system. Alcohol Res 38: 219–241.

Prisciandaro JJ, Schacht JP, Prescot AP, Brenner HM, Renshaw PF et al. (2019a) Evidence for a unique association between fronto-cortical glycine levels and recent heavy drinking in treatment naïve individuals with alcohol use disorder. Neurosci Lett 706: 207–210.

Prisciandaro JJ, Schacht JP, Prescot AP, Brenner HM, Renshaw PF et al. (2019b) Intraindividual changes in brain GABA, glutamate, and glutamine during monitored abstinence from alcohol in treatment-naive individuals with alcohol use disorder. Addict Biol.:e12810

Prisciandaro JJ, Schacht JP, Prescot AP, Renshaw PF, Brown TR et al. (2019c) Brain glutamate, GABA, and glutamine levels and associations with recent drinking in treatment-naïve individuals with Alcohol Use Disorder versus light drinkers. Alcohol Clin Exp Res 43: 221–226.

Prochaska JO, DiClemente CC (1983) Stages and processes of self-change of smoking: Toward an integrative model of change. J Consult Clin Psychol 51: 390–395.

Rachdaoui N, Sarkar DK (2017) Pathophysiology of the effects of alcohol abuse on the endrins system. Alcohol Res 38: 255–276.

Ralevski E, Petrakis I, Altemus M (2019) Heart rate variability in alcohol use: A review. Pharmacol Biochem Behav 176: 83–92.

Rapsey CM, Lim CC, Al-Hamzawi A, Alonso J, Bruffaerts R et al. (2015) Associations between DSM-IV mental disorders and subsequent COPD diagnosis. J Psychosom Res 79: 333–339.

Ray LA, Green R, Roche DJO, Magill M, Bujarski S (2019) Naltrexone effects on subjective responses to alcohol in the human laboratory: A systematic review and meta-analysis. Addict Biol 24:1138–1152.

Rehm J, Allamani A, Aubin H-A, Della Vedova R, Elekes Z et al. (2015a) people with alcohol use disorders in specialized care in eight different European countries. Alcohol Alcoholism 50: 310–318.

Rehm J, Allamani A, Della Vedova R, Elekes Z, Jakubczyk A et al. (2015b) General practitioners recognizing alcohol dependence: a large cross-sectional study in 6 European countries. Ann Fam Med 13: 28–32.

Rehm J, Allamani A, Elekes Z, Jakubczyk A, Manthey J et al. (2015c) Alcohol dependence and treatment utilization in Europe – a representative cross-sectional study in primary care. BMC Fam Pract 16: 90.

Rehm J, Hasan OSM, Black SE, Shield KD, Schwarzinger M (2019) Alcohol use and dementia: a systematic scoping review. Alzheimers Res Ther 11: 1.

Rehm J, Rehm M, Shield KD, Gmel G, Frick U et al. (2014) Reduzierung alkoholbedingter Mortalität und Behandlung der Alkoholabhängigkeit. Sucht 60: 93–105.

Reich MS, Dietrich MS, Finlayson AJ, Fischer EF, Martin PR (2008) Coffee and cigarette consumption and perceived effects in recovering alcoholics participating in Alcoholics Anonymous in Nashville, Tennessee, USA. Alcohol Clin Exp Res 32:1799–1806.

Reichholf JH (2008) Warum die Menschen sesshaft wurden. Frankfurt: Fischer.

Reilly MT, Noronha A, Goldman D, Koob GF (2017) Genetic studies of alcohol dependence in the context of the addiction cycle. Neuropharmacology 122: 3–21.

Riper H, Hoogendoorn A, Cuijpers P, Karyotaki E, Boumparis N et al. (2018) Effectiveness and treatment moderators of internet interventions for adult problem drinking: An individual patient data meta-analysis of 19 randomised controlled studies. PLoS Med 15: e1002714.

Ritz L, Coulbault L, Lannuzel C, Boudehent C et al. (2016) Clinical and biological risk factors for neuropsychological impairment in Alcohol Use Disorder. PLoS One. 11: e0159616.

RKI (Robert-Koch-Institut) Alkoholkonsum bei Erwachsenen in Deutschland: Riskante Trinkmengen. (https://www.rki.de/DE/Content/Gesundheitsmonitoring/Gesundheitsberichterstattung/GBEDownloadsJ/FactSheets/JoHM_2017_02_Alkoholkonsum_Erwachsene.pdf?__blob=publicationFile, Zugriff am 12.11.2019).

Roberto M, Varodayan F (2017) Synaptic targets: Chronic alcohol actions. Neuropharmacology 122: 85–99.

Rocco A, Compare D, Angrisani D, Sanduzzi Zamparelli M, Nardone G (2014) Alcoholic disease: liver and beyond. World J Gastroenterol 20: 14652–14659.

Roche DJ, Ray LA, Yardley MM, King AC (2016) Current insights into the mechanisms and development of treatments for heavy drinking cigarette smokers. Curr Addict Rep 3: 125–137.

Roerecke M, Kaczorowski J, Tobe SW, Gmel G et al. (2017) The effect of a reduction in alcohol consumption on blood pressure: a systematic review and meta-analysis. Lancet Public Health 2: e108–e120.

Rose JS, Lee CT, Selya AS, Dierker LC (2012) DSM-IV alcohol abuse and dependence criteria characteristics for recent onset adolescent drinkers. Drug Alcohol Depend 124: 88–94.

Rosenström T, Torvik FA, Ystrom E, Czajkowski NO, Gillespie NA et al. (2018) Prediction of alcohol use disorder using personality disorder traits: a twin study. Addiction 113: 15–24.

Rösner S, Hackl-Herrwerth A, Leucht S, Lehert P, Vecchi S et al. (2011) Acamprosate for alcohol dependence. Cochrane Database Syst Rev. CD.

Rösner S, Hackl-Herrwerth A, Leucht S, Vecchi S, Srisurapanont M et al. (2010) Opioid antagonists for alcohol dependenc. Cochrane Database Syst Rev. CD.

Rumpf HJ, Bischof G, Hapke U, Meyer C, John U (2009) Remission ohne formelle Hilfe bei Alkoholabhängigkeit: Der Stand der Forschung. Sucht 55: 75–85.

Rumpf HJ, Meyer C, Hapke U, Bischof G, John U (2000) Inanspruchnahme suchtspezifischer Hilfen von Alkoholabhängigen und -Missbrauchern: Ergebnisse der TACOS Bevölkerungsstudie. Sucht 46: 9–17.

Sabia S, Fayosse A, Dumurgier J, Dugravot A, Akbaraly T et al. (2018) Alcohol consumption and risk of dementia: 23 year follow-up of Whitehall II cohort study. BMJ 362: k2927.

Sachdeva A, Chandra M, Choudhary M, Dyal P, Anand KS (2016) Alcohol-related dementia and neurocognitive impairment: A review study, In J High Risk Behav Addict 5: e27956.

Salize HJ, Jacke C, Kief S (2014) Produktivitätsverluste, berufliche Einbußen und Unterstützungsleistungen von Angehörigen von Patienten mit Alkoholabhängigkeit vor und nach der Entzugsbehandlung. Sucht 60: 215–224.

Sarich P, Canfell K, Banks E, Paige E, Egger S et al. (2019) A prospective study of health conditions related to alcohol consumption cessation among 97,852 drinkers aged 45 and over in Australia. Alcohol Clin Exp Res 43: 710–721.

Schivelbusch W (2010) Das Paradies, der Geschmack und die Vernunft. 7. Aufl. Frankfurt/M: Fischer Taschenbuch.

Schmidt KJ, Doshi MR, Holzhausen JM, Natavio A, Cadiz M et al. (2016) Treatment of severe alcohol withdrawal. Ann Pharmacother 50: 389-401.

Schneider B, Wetterling T (2015) Sucht und Suizidalität. Stuttgart: Kohlhammer.

Schneider R (1986) Suchtverhalten aus lerntheoretischer und verhaltenstherapeutischer Sicht. In:Deutsche Hauptstelle gegen die Suchtgefahren (Hrsg.) Süchtiges Verhalten. Grenzen und Grauzonen im Alltag. Hamm: Hoheneck. S. 48–65.

Schneider R (1992) Grundannahmen deutscher Suchttherapiekonzepte. In: Heide M, Klein T, Lieb H (Hrsg.) Abhängigkeit: zwischen biochemischen Programm und steuerbarem Verhalten. Bonn: Nagel-Verlag. S. 97–122.

Schneider R (2019) Die Suchtfibel. 20.Aufl. Hohengehren: Schneider.

Schneider U, Kroemer-Olbrisch T, Wedegärtner F, Cimander KF, Wetterling T (2004) Wishes and expectations of alcoholic patients concerning their therapy. Alcohol Alcohol 39:141–145.

Schnell T (2019) Verhaltenstherapie der Sucht. Stuttgart: Kohlhammer.

Schomerus G, Bauch A, Elger B, Evans-Lacko S, Frischknecht U et al. (2017) Das Stigma von Suchterkrankungen verstehen und überwinden. Sucht 65: 253–259.

Schomerus G, Corrigan PW, Klauer T, Kuwert P, Freyberger HJ et al. (2011) Self-stigma in alcohol dependence: consequences for drinking-refusal self-efficacy. Drug Alcohol Depend 114: 12–17.

Schomerus G, Rumpf H-J (2017) Das Stigma von Suchterkrankungen muss überwunden werden. Sucht 63: 251–262.

Schott H (2001) Das Alkoholproblem in der Medizingeschichte. Dtsch Ärztebl. 98:1958–1962.

Schückher F, Sellin T, Fahlke C, Engström I (2018) The impact of childhood maltreatment on age of onset of alcohol use disorder in women. Eur Addict Res. 24: 278–285.

Schuckit MA, Smith TL, Kalmijn J, Trim RS, Cesario E et al. (2012) Comparison across two generations of prospective models of how the low level of response to alcohol affects alcohol outcomes. J Stud Alcohol Drugs 73:195–204.

Schuckit MA, Tipp JE, Smith TL, Bucholz KK (1997) Periods of abstinence following the onset of alcohol dependence in 1,853 men and women. J Stud Alcohol 58: 581–589.

Schuster R, Gavas F, Schneider U, Glahn A, Hillemacher T et al. (2017) Stigmatisierung Alkoholabhängiger: Einstellungen von Betroffenen während einer stationären Entzugsbehandlung,medizinischen Personals und Studierender. Sucht 63: 261–268.

Schwoon DR (1992) Motivation – ein kritischer Begriff in der Behandlung Suchtkranker. In: Wienberg G (Hrsg.) Die vergessene Mehrheit – Zur Realität der Versorgung alkohol- und medikamentenabhängiger Menschen. Bonn: Psychiatrie-Verlag. S. 170–182.

Scott E, Anderson P (1990) Randomized controlled trial of general practitoner interventions in women with excessive alcohol consumption. Drug Alcohol Rev 10: 313–321.

Seid AK, Grittner U, Greenfield TK, Bloomfield K (2015) To cause harm and to be harmed by others: New perspectives on alcohol's harms to others. Subst Abuse 9: 13–22.

Seneca LA. Epistulae Morales (LXX-CXXIV, CXXV) (= Briefe über Ethik).

Setiawan VW, Monroe K, Lugea A, Yadav D, Pandol S (2017) Uniting epidemiology and experimental disease models for alcohol-related pancreatic disease. Alcohol Res 38:173–182.

Shasthry SM, Sarin SK (2016) New treatment options for alcoholic hepatitis. World J Gastroenterol 22: 3892–3906.

Shaw JM, Kolesar GS, Sellers EM, Kaplan HL, Sandor P (1981) Development of optimal treatment tactics for alcohol withdrawal. Assessment and effectivness of supportive care. J Clin Psychopharmacol 1: 382–388.

Simon L, Jolley SE, Molina PE (2017) Alcoholic myopathy: Pathophysiologic mechanisms and clinical implications. Alcohol Res 38: 207–217.

Singer MV, Teyssen S (1999) Alkohol und Magen. In: Singer MV, Teyssen S. (Hrsg.) Alkohol und Alkoholfolgekrankheiten. Berlin: Springer. S. 168-187.

Sinnige J, Korevaar JC, Westert GP, Spreeuwenberg P et al. (2015) Multimorbidity patterns in a primary care population aged 55 years and over. Fam Pract 32: 505–513.

Sliedrecht W, de Waart R, Witkiewitz K, Roozen HG (2019) Alcohol use disorder relapse factors: A systematic review. Psychiatry Res 278: 97–115.

Smith JE, Meyers RJ (2009) Mit Suchtfamilien arbeiten. CRAFT: Ein neuer Ansatz für die Angehörigenarbeit. Bonn: Psychiatrie-Verlag.

Smith JP, Randall CL (2012) Anxiety and alcohol use disorders: comorbidity and treatment considerations. Alcohol Res 34: 414–431.

Soler-Vila H, Galán I, Donado-Campos J, Sánchez-Alfonso F, Valencia-Martín JL et al. (2014) Three-year changes in drinking patterns in Spain: a prospective population-based cohort study. Drug Alcohol Depend 140: 123–129.

Soyka M (2006) Alkoholhalluzinose und Eifersuchtswahn. Fortschr Neurol Psychiat 74: 346–357.

Soyka M, Schmidt F, Schmidt P (2006) Efficacy and safety of outpatient alcohol detoxification with a combination of tiapride/carbamazepine: additional evidence. Pharmacopsychiatry 39: 30–34.

Spies C, Neumann T, Schönfeld H, Sinha P, Kox WJ (1999) Präoperative Risikoanalyse. In: Soyka M (Hrsg.) Klinische Alkoholismusdiagnostik. Darmstadt: Steinkopff. S. 130–136.

Spies C, Rommelspacher H (1999) Alcohol withdrawal in the surgical patient: prevention and treatment. Anesth Analg 88: 946–954.

Staff J, Greene KM, Maggs JL, Schoon I (2014) Family transitions and changes in drinking from adolescence through mid-life. Addiction 109: 227–236.

Stanesby O, Callinan S, Graham K, Wilson IM, Greenfield TK et al. (2018) Harm from known others' drinking by relationship proximity to the harmful drinker and gender: A meta-analysis across 10 countries. Alcohol Clin Exp Res 42:1693–1703.

Starkman BG, Sakharkar AJ, Pandey SC (2012) Epigenetics – Beyond the genome in alcoholism. Alcohol Res 34: 293–305.

Stickel F, Datz C, Hampe J, Bataller R (2017) Pathophysiology and management of alcoholic liver disease: Update 2016. Gut and Liver 11: 173–188.

Stockwell T, Zhao J, Panwar S, Roemer A et al. (2016) Do »moderate« drinkers have reduced mortality risk? A systematic review and meta-analysis of alcohol consumption and all-cause mortality. J Stud Alcohol Drugs 77: 185–198.

Stolzenburg S, Tessmer C, Melchior H, Schäfer I, Schomerus G (2017) Selbststigmatisierung und soziale Integration bei Alkoholabhängigkeit. Sucht 63: 269–275.

Streba LA, Vere CC, Streba CT, Ciurea ME (2014) Focus on alcoholic liver disease: from nosography to treatment. World J Gastroenterol 20: 8040–8047.

Stuke H, Gutwinski S, Wiers CE, Schmidt TT, Gröpper S et al. (2016) To drink or not to drink: Harmful drinking is associated with hyperactivation of reward areas rather than hypoactivation of control areas in men. J Psychiatry Neurosci 41: E24–36.

Sullivan EV, Pfefferbaum A (2019) Brain-behavior relations and effects of aging and common comorbidities in alcohol use disorder: A review. Neuropsychology 33: 760–780.

Sullivan LE, Fiellin DA, O'Connor PG (2005) The prevalence and impact of alcohol problems in major depression: a systematic review. Am J Med 118: 330–341.

Sylvia LG, Shelton RC, Kemp DE, Bernstein EE, Friedman ES et al. (2015) Medical burden in bipolar disorder: findings from the Clinical and Health Outcomes Initative in Comparative Effectiveness for Bipolar Disorder study (Bipolar CHOICE). Bipolar Dis 17: 212–223.

Szabo G, Saha B (2015) Alcohol's effect on host defense. Alcohol Res 37: 159–170.

Tawa EA, Hall SD, Lohoff FW (2016) Overview of the genetics of Alcohol Use Disorder. Alcohol Alcohol 51: 507–514.

Teyssen S, Singer MV (1999) Alkohol und Ösophagus. In: Singer MV, Teyssen S (Hrsg.) Alkohol und Alkoholfolgekrankheiten. Berlin: Springer. S. 160–167.

Tiffany ST (1990) A cognitive model of drug urges and drug-use behavior: Role of automatic and nonautomatic processes. Psychol Rev 97: 147–168.

UKATT Research team (2008) UK Alcohol Treatment Trial: client-treatment matching effects. Addiction 103: 228–238.

Vaillant GE (2003) A 60-year follow-up of alcoholic men. Addiction 98: 1043–1051.

Varela-Rey M, Woodhoo A, Martinez-Chantar M-L, Mato JM, Lu SC (2013) Alcohol, DNA methylation and cancer. Alcohol Res 35: 25–35.

Varga ZV, Matyas C, Paloczi J, Pacher P (2017) Alcohol misuse and kidney injury: Epidemiological evidence and potential mechanisms. Alcohol Res 38: 283–288.

Vatsalya V, Liaquat HB, Ghosh K, Mokshagundam SP, McClain CJ (2016) A review on the sex differences in organ and system pathology with alcohol drinking. Curr Drug Abuse Rev 9: 87–92.

Velleman R (2011) Counselling for alcohol problems. 3. Aufl. London: Sage Publications.

Veltrup C, Wetterling T (1997) Umgang mit Rückfällen. In: Wetterling T, Veltrup C (1997) Diagnostik und Therapie von Alkoholproblemen. Berlin: Springer. S. 135–146.

Verplaetse TL, McKee SA (2017) An overview of alcohol and tobacco/nicotine interactions in the human laboratory. Am J Drug Alcohol Abuse 43:186–196.

Vogel-Sprott M, Barrett P (1984) Age, drinking habits and the effects of alcohol. J Stud Alcohol 45: 517–521.

Volkow ND, Gur RC, Wang GJ, Fowler JS, Moberg PJ et al. (1998) Association between decline in brain dopamine activity with age and cognitive and motor impairment in healthy individuals. Am J Psychiatry 155: 344–349.

Volkow ND, Wiers CE, Shokri-Kojori E, Tomasi D, Wang GJ et al. (2017) Neurochemical and metabolic effects of acute and chronic alcohol in the human brain: Studies with positron emission tomography. Neuropharmacology 122:175–188.

Walter M, Gouzoulis-Mayfrank E (Hrsg.) (2019) Psychische Störungen und Suchterkrankungen. Diagnostik und Behandlung von Doppeldiagnosen. 2. Aufl. Stuttgart: Kohlhammer.

Walter M, Sollberger D, Euler S (2016) Persönlichkeitsstörungen und Sucht. Stuttgart: Kohlhammer.

Walvoort SJ, Wester AJ, Egger JI (2013) Neuropsychologische diagnostiek en cognitieve functies bij alcoholabstinenties. Tijdschr Psychiatr 55:101–111.

Wang S, Pacher P, De Lisle RC, Huang H, Ding W-X (2016) A mechanistic review of cell death in alcohol-induced liver injury. Alcohol Clin Exp Res 40: 1215–1223.

Waszkiewicz N, Szajda SD, Zalewska A, Szulc A, Kępka A et al. (2012) Alcohol abuse and glycoconjugate metabolism. Folia Histochem Cytobiol 50: 1–11.

Watkins LE, Sprang K (2018) An overview of internet- and smartphone-delivered interventions for Alcohol and Substance Use Disorders. Focus (Am Psychiatr Publ) 16: 376–383.

Weber B, Salaschek M, Pflug B, Wetterling T (1999) Katamnestische Untersuchung stationär entgifteter Alkoholiker in einer großstädtischen und einer kleinstädtisch-ländlichen Stichprobe. Wiener Z Suchtmedizin 22: 11–20.

Westman J, Wahlbeck K, Laursen TM, Gissler M, Nordentoft M et al. (2015) Mortality and life expectancy of people with alcohol use disorder in Denmark, Finland and Sweden. Acta Psychiatr Scand 131: 297–306.

Wetterling T (2000) Alkoholfolgeerkrankungen. In: Förstl H (Hrsg.) Klinische Neuropsychiatrie. Stuttgart: Thieme. S. 354–366.

Wetterling T (2004) Alkoholentzugssyndrom. In: Arolt V, Diefenbacher A (Hrsg.) Psychiatrie in der klinischen Medizin. Darmstadt: Steinkopff. S. 323–335.

Wetterling T (2015) Psychische und psychosomatische Störungen bei Intensivpatienten. In: Marx G, Muhl E, Zacharowski K et al. (Hrsg.) Die Intensivmedizin. 12.Aufl. Berlin: Springer. S. 597–604.

Wetterling T (2018) Medizinische Aspekte des Betreuungsrechts. Stuttgart: Kohlhammer.

Wetterling T (2019) Neuropsychiatrische Aspekte der Multimorbidität. Stuttgart: Kohlhammer.

Wetterling T (2020) Freier Wille und neuropsychiatrische Erkrankungen. 2.Aufl. Stuttgart: Kohlhammer.

Wetterling T, Baumann M, Krömer-Olbrisch T, Schneider U (2002a) Was motiviert Alkoholkranke zur Therapie? Suchtmedizin 4: 262–266.

Wetterling T, Dibbelt L, Wetterling G, Göder R, Wurst F et al. (2014) Ethyl glucuronide (EtG): better than breathalyser or self-reports to detect covert short-term relapses into drinking. Alcohol Alcohol 49: 51–54.

Wetterling T, Dibbelt L, Wetterling G, Junghanns K (2019) Heimliche Rückfälle während einer Entwöhnungstherapie. Vergleich der Einschätzung durch Therapeuteneinschätzung und der Bestimmung des Alkoholmarkers Ethylglucuronid (EtG) Sucht 65: 355–361.

Wetterling T, Junghanns K (2000) Psychopathology of alcoholics during withdrawal and early abstinence. Eur Psychiatry 15: 483–488.

Wetterling T, Junghanns K (2017) Substance abuse in older psychiatric inpatients. Sucht 63: 115–121.

Wetterling T, Junghanns K (2019) Alkoholintoxikation- ein psychiatrischer Notfall. Fortschr Neurol Psychiat 87: 361–366.

Wetterling T, Junghanns K, Bernzen J, Veltrup C (1999) Medikamentöse Rückfallprophylaxe-Akzeptanz bei Alkoholkranken. Sucht 45: 228–234.

Wetterling T, Kanitz R-D (1997) Der neue ›Alkoholmarker‹ Carbohydrat-defizientes Transferrin (CDT)-Stellenwert für die neurologisch-psychiatrische Diagnostik. Fortschr Neurol Psychiat 65: 337–346.

Wetterling T, Kanitz R-D, Besters B, Fischer D, Zerfass B et al. (1997) A new rating scale for the assessment of the alcohol withdrawal syndrome (AWS-Scale) – as a basis for a score – controlled inpatient treatment. Alcohol Alcohol 32: 753–760.

Wetterling T, Kanitz R-D, Veltrup C, Driessen M (1994) Clinical predictors of alcohol withdrawal delirium. Alcohol Clin Exp Res 18: 1100–1102.

Wetterling T, Krömer-Olbrisch T, Löw R, Schneider U (2001a) Befragung von Alkoholkranken zum Thema Sucht. Psychiat Prax 28: 388–392.

Wetterling T, Nissle K, Junghanns K (2002b) Schlafstörungen und Schlafhygiene bei Alkoholabhängigen. Sucht 48: 379–387.

Wetterling T, Schneider B (2013) Alkoholintoxikation und akute Suizidalität. Psychiatr Prax 40: 259–263.

Wetterling T, Veltrup C (1997) Diagnostik und Therapie von Alkoholproblemen. Berlin: Springer.

Wetterling T, Veltrup C, Driessen M, John U (1999b) Drinking pattern and alcohol-related medical disorders. Alcohol Alcohol 34: 330–336.

Wetterling T, Veltrup C, John U, Driessen M (2003) Late onset alcoholism. Eur Psychiatry 18: 112–118.

Wetterling T, Veltrup C, Junghanns K (1996) Craving – ein fundiertes Konzept? Fortschr Neurol Psychiat 64: 142–152.

Wetterling T, Veltrup C, Junghanns K (1998) Verlangen nach Alkohol (Craving) bei chronischen Alkoholikern. Sucht 44: 59–64.

Wetterling T, Veltrup C, Junghanns K, Krömer-Olbrisch T, Schneider U (2001b) Acceptance of pharmacotherapy for relapse prevention by chronic alcoholics. Pharmacopsychiatry 31: 142–146.

Wetterling T, Weber B, Depfenhart M, Schneider B, Junghanns K (2006) Development of a rating scale to predict the severity of alcohol withdrawal syndrome. Alcohol Alcohol 41: 611–615.

Weyerer S, Schäufele M, Wiese B, Maier W, Tebarth F et al. (2011) Current alcohol consumption and its relationship to incident dementia: results from a 3-year follow-up study among primary care attenders aged 75 years and older. Age Ageing 40: 456–463.

WHO (1992) ICD-10 Chapter V. Geneve, deutsche Übersetzung: Dilling H, Mombour W, Schmidt MH (Hrsg.) (2015) ICD-10. Internationale Klassifikation psychischer Störungen. 10. Aufl. Göttingen: Hogrefe.

WHO (2000) International guide for monitoring alcohol consumption and related harm. https://apps.who.int/iris/bitstream/handle/10665/66529/WHO_MSD_MSB_00.4.pdf, Zugriff am 07.08.2019).

WHO (2010) Global strategy to reduce the harmful use of alcohol. Genova. (https://apps.who.int/iris/bitstream/handle/10665/44395/9789241599931, Zugriff am 07.08.2019).

WHO (2017) Tackling NCDs: »best buys« and other recommended interventions for the prevention and control of noncommunicable diseases. Geneva http://www.who.int/ncds/management/best-buys/en/, Zugriff am 11.11.2019).

WHO (2018) Global Status Report on Alcohol and Health 2018. Geneva, Switzerland. http://www.who.int/substance_abuse/publications/global_alcohol_report/en/, Zugriff am 08.11.2019).

WHO (2019) ICD-11. (https://icd.who.int/browse11/l-m/en, Zugriff am 08.11.2019).

Witkiewitz K, Falk DE, Litten RZ, Hasin DS, Kranzler HR et al. (2019) Maintenance of World Health Organization risk drinking level reductions and posttreatment functioning following a large Alcohol Use Disorder clinical trial. Alcohol Clin Exp Res 43: 979–987.

Witkiewitz K, Marlatt A (2011) Behavioral therapy across the spectrum. Alcohol Res Health 33: 313–319.

Wood AM, Kaptoge S, Butterworth AS, Willeit P, Warnakula S et al. (2018) Risk thresholds for alcohol consumption: combined analysis of individual-participant data for 599 912 current drinkers in 83 prospective studies. Lancet 39: 1513–1523.

Xu W, Wang H, Wan Y, Tan C, Li J et al. (2017) Alcohol consumption and dementia risk: a dose-response meta-analysis of prospective studies. Eur J Epidemiol 32: 31–42.

Yoshimura A, Komoto Y, Higuchi S (2016) Exploration of core symptoms for the diagnosis of alcohol dependence in the ICD-10. Alcohol Clin Exp Res 40: 2409–2417.

Zahr NM, Pfefferbaum A (2017) Alcohol`s effects on the brain neuroimaging results in humans and animal models. Alcohol Res 38:183–206.

Zhou Y, Zheng J, Li S, Zhou T, Zhang P, Li H-B (2016) Alcoholic beverage consumption and chronic diseases. Int J Environ Res Public Health 13: 522.

Zimmermann US (2014) Ist kontrolliertes Trinken ein sinnvolles Therapieziel bei Alkoholabhängigkeit? Pro. Nervenarzt 85: 887–888.

Zweben A, Pettinati HM, Weiss RD, Youngblood M, Cox CE et al. (2008) Relationship between medication adherence and treatment outcomes: the COMBINE study. Alcohol Clin Exp Res 32: 1661–1669.

Stichwortregister

A

Abstinenz 38, 51, 60, 117–119, 121–122, 124, 129–130, 132–134, 136–138, 140–141, 157, 162, 168
- Abstinenzbeendigung 137, 139
- Abstinenzmotivation 132
- Abstinenzziel 123, 138
- längere Abstinenzphasen 123, 131, 135

Acamprosat 121, 134, 157
Acetaldehyd 30, 32–33, 40, 43, 59, 61, 65, 134
Alter 24–26, 31, 34, 71, 81, 87, 90, 92, 94, 101–103, 110, 130, 132, 157, 164
Angehörige 70, 73, 79, 115, 123, 127–130, 134–137, 141
Angst 39, 87, 89, 105, 145, 147, 151, 158
- Angststörung 53–54, 57, 89, 93, 100, 106, 117, 132, 135, 156

B

BAK 34, 37–38, 44–46, 73, 75, 80, 85, 101, 109, 143–145, 149–150, 166
Benzodiazepine 106, 145, 150–151, 153
Beratung 116, 133, 137, 142, 155, 157, 166
- Beratungsstelle 26, 115, 140, 142, 157
Bier 15, 18, 24, 29, 34, 107, 112

C

Craving 97, 100, 120, 122, 132

D

Delir 39, 50, 99, 124, 146–151
- Entzugsdelir 40, 149
Depression 54–55, 71, 89, 132, 156
Dopamin 38–39, 47, 84, 94

E

Entwöhnung 154, 161, 168
- Entwöhnungstherapie 157
- stationäre Entwöhnung 156
- stationäre Entwöhnungsbehandlung 155
Entzug 38–39, 50, 52–54, 85, 88, 99–101, 103, 116, 122, 124, 126, 134, 138, 141, 145–147, 149–150, 152–156, 158, 166
- Entzugsbehandlung 145, 149
- Entzugsdelir 146–147, 149
- Entzugssyndrom 97, 101, 103, 146
epigenetisch 36, 42–43, 59, 65, 83, 86–87

F

Folgeerkrankung 49, 72, 103, 115, 117–118, 122, 124, 126, 141, 167

195

G

GABA 37–40, 84
Gehirn 32, 36–37, 42, 44, 49

H

Hausarzt 115, 122, 140–141
Herz 58, 64, 126, 147, 152
- Herzerkrankungen 59, 63, 116, 149
- Herzinfarkt 121
- Herzrhythmusstörung 51, 152
Hirn 20, 31, 37–38, 40–41, 59–60, 84–85
- Blut-Hirnschranke 31, 40, 59
- Frontalhirn 101
- Hirninfarkt 59, 63
- Hirnregion 37–38, 47–48, 84
- Hirnschädigung 47, 51, 100
- Hirnstruktur 85
- Hirnsubstanz 48
- Hirntrauma 144

I

Intoxikation 16, 27, 44, 46, 57, 70, 76–77, 99, 115, 122–123, 141–142, 144–145, 167
- Intoxikationszeichen 143–144

K

kognitive Störung 49–51, 62, 66, 77–80, 132, 156
Krampfanfall 19, 138, 144, 149, 152
Krebs 62, 65, 74, 116

L

Leber 18, 20, 31–33, 61, 116, 126
- Fettleber 58, 61, 124
- Lebererkrankungen 58, 61–62, 111, 149, 152
- Leberkrebs 65
- Leberzirrhose 61, 153
Lunge 32, 110
- Lungenerkrankungen 58, 64, 152
- Pneumonie 149

M

Medikament 32, 44, 105, 111, 120–121, 134, 150–153, 168
- Medikamentenmissbrauch 105, 150
Motivation 86–88, 137, 142, 160, 162, 166, 168
- Motivational interviewing 160, 162
- Motivationstherapie 155, 157
MRS 37–39, 84

N

Naltrexon 120–121, 134, 157

P

Pankreas 62, 65
- Pankreatitis 62–63
Partner 19–20, 53, 71, 75, 90, 127, 130, 132, 141, 157, 159
- Partnerschaftskonflikte 70, 130

Stichwortregister

R

Rausch 16, 18, 22, 29, 44, 46, 68, 101, 103, 143–144
- Rauschtrinken 24, 27, 47, 73, 125, 165

Rewardsystem
- Belohnungssystem 84–85, 100

Rückfall 53, 65, 86, 122–123, 131, 133, 136, 139–141, 163
- Rückfallmarker 34, 111
- Rückfallprävention 87, 131, 133–134, 168
- Rückfallrisiko 50, 132, 134, 163

S

schizophrene Störung 53, 55, 68, 156

Schlaf 39, 45, 109, 144, 166
- Schlafstörung 48, 51, 54, 133, 146–148, 151

Selbsthilfe 17, 138
- Selbsthilfegruppe 115, 117, 123, 128, 130, 133, 137, 140–142, 155, 163

Stigmatisierung 21, 68–71, 158, 164–165

Suizidversuch, Suizidalität 123

T

Toleranz 38, 97, 101, 103
- Toleranzeffekt 44
- Toleranzentwicklung 86, 97, 101

Trinkmenge 63, 66, 84, 86, 89, 93, 103, 106, 109, 119, 125, 149
- Trinkmengen-Reduzierung 63, 118, 120–122, 124–125, 134, 142

U

Unfall 21, 26, 46, 70, 73–74, 78, 80, 109, 128, 152, 166
- Unfallrisiko 72–73, 125

V

Verhaltenstherapie 142, 157

W

Wein 15, 29, 107

Wernicke
- Wernicke-Enzephalopathie 47, 50, 146, 154
- Wernicke-Korsakoff-Syndrom 50, 100, 154

197